MEYERS
FORUM

Raif Georges Khoury
Der Islam

PROF. DR. RAIF GEORGES KHOURY, geboren 1936, studierte Romanistik und Orientalistik, besonders Arabistik und Islamkunde. 1966 Promotion (Paris, Sorbonne), 1970 Habilitation (Heidelberg). Seit 1975 Professor für Islamwissenschaft an der Universität Heidelberg. Autor zahlreicher Bücher über das frühislamische Schrifttum (insbesondere Editionen der ältest erhaltenen historischen Handschriften/Papyri) und über die moderne arabische Kulturgeschichte. Viele Beiträge in Fachzeitschriften in deutscher, französischer, englischer und arabischer Sprache.

MEYERS

FORUM

Raif Georges Khoury

Der Islam

Religion, Geschichte, Kultur

B.I.-Taschenbuchverlag
Mannheim · Leipzig · Wien · Zürich

MEYERS FORUM 9

Die Deutsche Bibliothek – CIP-Einheitsaufnahme
Khoury, Raif Georges:
Der Islam: Religion, Kultur, Geschichte /
Raif Georges Khoury. – Mannheim; Leipzig; Wien; Zürich:
BI-Taschenbuchverl., 1993 (Meyers Forum; 9)
ISBN 3-411-10231-4
NE: GT

Satz: Krebs-Gehlen-Druck GmbH, Hemsbach
Druck und Bindearbeit: C.H. Beck'sche Buchdruckerei,
Nördlingen
Printed in Germany
ISBN 3-411-10231-4

Inhaltsverzeichnis

Vorwort

Mit diesem Büchlein will der Verfasser gemäß dem allgemeinen Rahmen der Reihe MEYERS FORUM dem Leser nur wichtig erscheinende Probleme des Islam darstellen und versuchen, eine Antwort darauf zu geben.

Aus diesem Grund trägt der Titel ›Der Islam‹ den Untertitel: ›Religion, Geschichte, Kultur‹. Daß diese drei Begriffe in einem so begrenzten Rahmen nicht ausführlich behandelt werden können, versteht sich von selbst.

Da das arabische Schrifttum im Mittelpunkt der Untersuchung steht, ergibt es sich, daß die Probleme der modernen islamischen Welt vor allem an denen der arabischen dargestellt werden, weil diese nach wie vor eine geschlossenere politische und vor allem religiöse und kulturelle Einheit im Zentrum der islamischen Welt bildet.

Um den Lesern entgegenzukommen, wurde ein vereinfachtes Transkriptionssystem verwendet (beachte: dsch = ǧ; gh = ġ; k = q; kh = ḫ; sch = š). Namen aus der modernen Zeit wurden in ihrer eingedeutschten Form beibehalten. Bei der ausgewählten und weiterführenden Literatur wurden alle im Titel erwähnten Gebiete berücksichtigt.

Sämtliche Jahreszahlen in diesem Buch sind in der Zeitrechnung v. Chr./n. Chr. angegeben. **Zusätzlich** wurde in zahlreichen Fällen die Zeitangabe auf den islamischen Kalender **(Hedschra)** bezogen; diese Jahreszahlen stehen an erster Stelle und sind mit der Abkürzung **H.** gekennzeichnet.

Zum Schluß möchte ich ein aufrichtiges Wort des Dankes an die Redaktion des Verlages, vor allem an Herrn Mathias Münter-Elfner und Frau Marianne Strzysch richten, die die Drucklegung übernommen und sorgfältig durchgeführt haben.

Heidelberg, Februar 1993 Raif Georges Khoury

I. Kapitel: Die vorislamische Zeit

1. Altarabien – Wiege des Islam

Altarabien ist der Geburtsort der islamischen Religion: die arabische Halbinsel, eine Bezeichnung, unter der sie in der arabischen Kultur bekannt war, umfaßt ca. 3,5 Mill. km^2, ist doppelt so lang wie breit und sehr dünn besiedelt. Es hat folgende Grenzen: im Norden Irak und Syrien, im Süden den Indischen Ozean, im Westen das Rote Meer und im Osten den Arabisch-Persischen Golf.

Die Anfänge der vorislamischen Geschichte liegen im Dunkeln, obwohl immer mehr Informationen über diese Zeit verfügbar werden. Sie stammen aus Berichten alter semitischer Völker, aus einigen Inschriften oder von den Nachrichten klassisch-islamischer Autoren. Diese Epoche wird allgemein die der Dschahilijja genannt, eine Bezeichnung, die ihr von arabischen Muslimen gegeben wurde, welche in ihr die Religion Allahs, den Islam vermißten. Jedoch wird beim intensiven Studium vieler Aspekte in Altarabien sichtbar, daß diese Vorstellung verzerrt ist, vor allem wenn man sie auf die nicht religiösen Gebiete überträgt. Eine sachliche, weiterführende Beschreibung der Lage läßt sich am besten durch interdisziplinäre Forschungsarbeit erreichen, die die verfügbaren Informationen auswertet und gegenüberstellt.

Nicht alle Gebiete Altarabiens hatten den selben Anteil an seiner Geschichte. Zunächst nehmen die Wüstengebiete einen großen Platz ein, im Norden, im Südwesten und Südosten: öde Landschaften, vom Wind gepeitscht, der spielerisch mit den Sandmassen umgeht und aus ihnen neue Dünen formt; der seltene Regen läßt oasenartig Weideland entstehen, um das sich die von Platz zu Platz ziehenden Beduinen drängen, das aber bald verdorrt und nichts als eine künstlerische Erinnerung darstellt, die eine ehrenhafte Beschreibung in den altarabischen Gedichten einnimmt. In den anderen Gebieten finden sich immer wieder Wüstenstreifen, die vor allem das Klima nachhaltig beeinflussen: Nadschd, eine riesige, hügelartige Landschaft im Zentrum der Halbinsel, die besonders für die Araber-Pferde, aber auch für ihre gute Luft bekannt war; daher wurde sie zu einem Lieblingsmotiv der altarabischen Dichter. Der Jemen im Südwesten, Arabia felix in der Antike genannt, war sicherlich das Zentrum der Zivilisation Altarabiens und der internationalen Beziehungen zu den großen Mächten in Ost und West. Auf diesem Boden entstanden im 1. Jahrtausend v. Chr. das Reich der Minäer, zu dessen Vasallen zeitweilig Fürstentümer wie Kataban und Hadramaut zählten, und das Reich der Sabäer, wobei die Königin von Saba mit ihren Sonderbeziehungen zu König Salomo im Koran besondere Erwähnung verdient. Die Äthiopier beschleunigten vor allem im 4. Jh. n. Chr. den Niedergang des Reiches, was die Entstehung des letzten vorislamischen Reiches begünstigte: das der Himjariten. Infolge zahlreicher Unruhen intervenierten 525 die Äthiopier erneut und annektierten den Jemen, um ihn dem Einfluß des Judentums, zu dem sich der letzte König Dhu Nuwas bekehrt hatte, zu entreißen. Diese Herrschaft über das Land verschaffte zwar dem Christentum im Jemen und darüber hinaus in Arabien mehr Verbreitung, zog aber gegen 570 die Intervention der persischen Sassaniden nach sich, die das Land bis zu seiner Eroberung durch die Truppen des Propheten Mohammed 628 besetzt hielten.

Im Norden verzeichnet man seit dem 3. Jh. n. Chr. eine zunehmende Invasion des ›Arabismus‹. Südöstlich von Palästina entstand das Reich der Nabatäer mit der Hauptstadt Petra. Zwei arabische Gruppen im Hedschas sowie Liḥyān, Thamūd und Hidschra waren ihre Untertanen. Im 1. Jh. n. Chr. waren sie Vasallen der Römer gewesen, die hier am Anfang des 2. Jh. die römische Provinz Arabia errichteten. Palmyra, das wegen seiner geographischen Lage ein Mittelpunkt hellenistischer Kultur am Rande des arabischen Raumes und mehr Verbindungsglied zu Mesopotamien als zur Halbinsel war, wurde im 3. Jh. n. Chr. ebenfalls von den Römern unterworfen. Die Rivalitäten zwischen Persern und Byzantinern lebten auch nach dem Zusammenbruch des römischen Reiches weiter und bestimmten das Leben der größeren Dynastien in Arabien: Im südlichen Irak, in Al-Ḥira, entstand die Dynastie der Lachmiden, die sich vom südarabischen Stamm Lachm ableiteten und unter persischer Oberhoheit standen. Im Nadschd war die Dynastie von Kinda, ebenfalls aus einem südarabischen Stamm, einmal von Persien, einmal von Byzanz abhängig. Dagegen waren die aus dem Jemen stammenden Ghassaniden, die ihr Reich in Südsyrien, am Rande von Palästina gründeten, christliche Vasallen der Byzantiner.

All diese nordarabischen Reiche kamen nach dem Zerfall des Jemen langsam zu Ansehen und standen im 6. Jh. n. Chr. auf dem Höhepunkt ihrer Macht. Ein Gebiet, das am Rande der großen politischen und kulturellen Strömungen Arabiens geblieben war, Al-Hedschas am Roten Meer nördlich des Jemen, bildete nun eine altarabische Kultur mit einer Gemeinsprache aus, der sich auch südarabische Dichter bedienten. Dies war dank der neuen Machtstellung der Stadt Mekka möglich geworden, in der Kuraisch, der Stamm des Propheten Mohammed, eine führende Position innehatte. Die Kuraischiten waren erfolgreich vor allem auf wirtschaftlichem und religiösem Gebiet. Wirtschaftlich machten die Mekkaner den Hedschas zu einem Knotenpunkt der Welthandelswege, insbesondere nach dem Niedergang des letzten himjaritischen Reiches im Jemen. Große Bedeutung hatten die Märkte, deren berühmtester, Ukadh, bei Mekka lag. Die Araber besuchten diese Märkte zu bestimmten Jahreszeiten, nicht nur des Handels wegen, sondern auch um literarische, genealogische Berichte und dergleichen vorzutragen. In Ukadh speziell soll eine besondere Atmosphäre geherrscht haben; die angesehenen Männer der jeweiligen Stämme schlichteten hier ihre Rivalitäten durch Schiedsrichter, tauschten Gefangene aus, machten Rast auf ihrer Pilgerfahrt und gingen ihren Geschäften nach. Auf religiösem Gebiet war Mekka zum größten Mittelpunkt Arabiens für alle heidnischen Stämme geworden; hier stand die Kaaba im Kreuzpunkt der Karawanenwege. Der Stamm von Kuraisch lebte in ihrer Umgebung und übernahm ihre Überwachung und Pflege. In der Kaaba befanden sich zahlreiche Götzen, die von verschiedenen Stämmen verehrt wurden, darunter auch Allah, der wohl von Kuraisch selbst verehrt wurde.

So war es nicht überraschend, daß alle eine gemeinsame Sprache benutzen wollten. Es war dies die Sprache der altarabischen Dichtung (und Literatur schlechthin!) und die des Korans. Sprachlich umfaßte Altarabien das Süd- und Nordarabische (das vom Hedschas an begann), die einheitliche Sprachsysteme besaßen, sich jedoch in eine Fülle von regionalen Dialekten aufteilten. Sie gehören zu dem südwestlichen Teil der semitischen Sprachen. Bereits im Laufe des 6. Jh. n. Chr. bildete sich im Hedschas eine Gemeinsprache heraus, an der die Dialekte des Zentrums und des Westens beteiligt waren, die jedoch auch einzelne Einflüsse aus anderen Dialekten und benachbarten Kultursprachen aufweist und zu den am höchsten entwikkelten semitischen Sprachen zählt.

2. Die altarabische Literatur

Die Beschäftigung mit der gesamten Literatur Altarabiens stellt den Forscher vor riesige Probleme, da man neben der Dichtung kaum Prosa in Händen hat und nichts in authentischer, selbständiger Form übernommen ist. Die literarischen Zeugnisse wurden erst in islamischer Zeit schriftlich fixiert und wurden bis zum Zeitpunkt ihrer schriftlichen Niederlegung mündlich überliefert. Alles spricht dafür, daß die Schriftlichkeit gegen Mitte des 8. Jh. n. Chr. mit der Abbasiden-Dynastie voll einsetzte. Das bedeutet nicht, daß man in vorislamischer Zeit keine Schrift kannte. Wir besitzen genügend Belege dafür, daß es eine Reihe von Lehrern, kleinen Lehrinstitutionen und Versammlungskreisen gab, die sich mit Dichtung, Geschichte und Nachrichten beschäftigten.

Als Schreibmaterial verfügte man über Leder, Stoff, Palmzweige, Knochen, Steine usw.; als Schreibinstrument dienten u. a. Schreibrohr und Tinte. Auch der Papyrus muß mindestens in bestimmten höheren Kreisen bekannt gewesen sein. Jedoch fand all das wenig Verbreitung wegen der Lebensverhältnisse in der Wüste. Erst mit der Festigung des politischen, sozialen und kulturellen Lebens in den islamischen Reichen wurde die Schrift zu einem notwendigen Instrument der Verbindung innerhalb dieser Reiche.

Die spätere schriftliche Niederlegung der altarabischen Literatur, vor allem der Dichtung, ruft bis heute Kontroversen unter den Fachleuten bezüglich der Echtheit und Zuverlässigkeit der verfügbaren Versionen hervor, die mehr oder weniger Unterschiede unter sich aufweisen. Unter Gelehrten gibt es eine Front der Ablehnung dieser Dichtung, an ihrer Spitze der Engländer D. S. Margoliouth, dessen Ideen in erweiterter und ganz entschlossener Form durch den ägyptischen Literaturkritiker Ṭāhā Husain (1889–1973) vertreten wurden. Andere Orientalisten wie Ch. J. Lyall oder G. Levi Della Vida sind gemäßigter in ihrem Urteil; sie verweisen auf einen unechten Teil in dieser Dichtung, erkennen diese jedoch mit gewissen Abstrichen an. In jüngster Zeit hat z. B. R. Blachère im 1. Band seiner arabischen Literaturgeschichte Meinungsverschiedenheiten dargestellt und zur Mäßigung aufgerufen, indem er auf die Kontinuität in Geist und Sprache der Dichtung von der vorislamischen bis zur Zeit der großen islamischen Überlieferer aufmerksam machte, so daß kaum zwischen dem eigenen Beitrag dieser letzteren und dem der alten Dichter unterschieden werden kann, es sei denn, es handelt sich um typisch islamische oder milieugebundene Verse, die in Altarabien vor dem Islam nicht haben entstehen können. So bliebe diese Dichtung eine getreue oder annähernde Version, die alte Zustände darstellte und wiederbelebte, die durch den sehr konservativen Charakter der Beduinen jahrhundertelang, auf jeden Fall bis zur Zeit der schriftlichen Fixierung unverändert geblieben waren. Damit hätten wir eine altarabische Literatur, die das Beduinenmilieu, vermehrt durch einige islamische Züge, beschreibt, wobei diese letzteren durch den religiösen Eifer einzelner Dichter oder Überlieferer hineingeflossen und von keiner großen Bedeutung sein können, da die altarabische Literatur im allgemeinen kaum religiös oder spiritualistisch geprägt war.

Welche sind die Inhalte dieser Literatur? Zunächst ist der altarabische Dichter Mitglied eines Stammes und seine Stammeszugehörigkeit ist ein wesentliches Element seines persönlichen und dichterischen Lebens (nicht ohne Grund stellte Ibn Khaldūn im 14. Jh. das Stammeszugehörigkeitsgefühl ins Zentrum seiner Gesellschaftsphilosophie). Das altarabische Milieu war stammesgebunden; jedes Mitglied empfand eine sakrale Bindung zur Großfamilie seines Stammes oder Unterstammes. Die Zusammengehörigkeit bedeutete eine Art tief verwurzelter und für die Gemeinschaft Verantwortung tragender Gesellschaftspakt, der alle schützte, aber auch ihn verletzende ausschloß und verbannte. Die Vornehmen des Stammes waren die Reinrassigen, die von einem einzigen Vater abstammten, unter denen es Aristokraten gab, die die Führung in ihren Händen hielten. Daneben gab es die sogenannten Schutzbefohlenen, welche entweder im Schutze eines Stammes lebende Freie aus anderen Stämmen oder befreite Sklaven waren, schließlich die Sklaven, die aus anderen Gebieten außerhalb der Halbinsel stammten oder Gefangene von anderen Stämmen waren. Der Lebensraum war die große trockene und heiße Wüste, in der der Regen durch seine Seltenheit als außergewöhnliche Gabe betrachtet wurde. Das Leben bestand aus dem Kampf ums Überleben, wobei die Suche nach Oasen mit Weidemöglichkeiten für das Vieh von wesentlicher Bedeutung war. Von daher verstehen sich wichtige Wesenszüge, die besondere Verehrung fanden, wie Stärke, Tapferkeit, Risikobereitschaft, Hochmut, Ehre und große Gastfreundlichkeit, die die gegenseitigen Beziehungen und kriegerischen Auseinandersetzungen bestimmten, welche in die Geschichte als Aijām al-'Arab (Tage bzw. Schlachttage der Araber) eingingen. Die Monotonie und zu große Erdnähe beeinflußten nachhaltig die Dichter; seelische Probleme und Spiritualismus schlechthin spielten kaum eine Rolle. Die Dichtung erscheint daher intuitiv, bodenständig, mit gebundener Imagination, jedoch aufrichtig im Gefühl, realistisch und erstaunlich kurz und bündig formuliert, was an die Weisheitssprüche und Sprichwörter der damaligen Zeit erinnert. Auch Auseinandersetzungen der Stämme untereinander und mit den Persern und Byzantinern spiegeln sich in dieser Dichtung; in geringerem Umfang erscheint auch die altarabische Geisterwelt mit ihren Sagen und Gestalten, die vor allem in der späteren Volksliteratur eine bedeutendere Rolle spielte.

Die Prosa hat weit weniger Spuren hinterlassen als die Dichtung; beide erlebten in islamischer Zeit ihre schriftliche Fixierung. Die Existenz einer Prosa abzulehnen, weil eine Gesellschaft, die sie hervorbringt, sehr entwickelt sein müßte, geht sicherlich zu weit, denn man besitzt typisch arabische Prosazweige in frühislamischer Zeit, bei denen Pflege und Kontinuität vorauszusetzen wären, sowie altarabische Sprichwörter, Reden und abendliche Unterhaltungen (über die arabische Vergangenheit, wobei Geschichte, Dichtung und Unterhaltung vermischt waren), für die z. B. der Kalif Mu'āwija und seine Nachfolger so sehr schwärmten. Ob Sprichwörter oder Weisheitssprüche, arabisch oder aus anderen Kulturen entlehnt – die Überlieferer genossen dieselbe hochangesehene Stellung wie die Dichter in den einzelnen Stämmen –, Reden oder Erzählungen, in allen Fällen handelt es sich um eine gestraffte, lapidar wirkende Reimprosa, deren Wörter und Strukturen archaisch wie die der altarabischen Poesie wirken, um eine Art dichterischer Poesie, an die der Koran anknüpfte und die er weiterführte. Einige berühmte Gestalten der altarabischen Prosa sind Kuss Ibn Sā'ida (gest. 600 n. Chr.), ein christlicher Geistlicher, vielleicht ein Bischof, aus Nadschran im Jemen, wo das Christentum eine gewisse Verbreitung (auch nach der Biographie des Propheten Mohammed) gefunden hatte, Aktham Ibn Ṣaifī (gest. 630 n. Chr.), einer der größten Weisen Altarabiens, und 'Amr Ibn Ma'dī Karib (gest. 643 n. Chr.), bekannt für seine Tapferkeit und als großer Redner.

Die Dichtung ist aber das Haupterbe der Altaraber und floß am reichlichsten in die schriftlich niedergelegten Versionen, Anthologien oder sonstigen Sammelwerke der islamischen Zeit ein. Von einem Überlieferer solcher Versionen, Abū 'Amr Ibn al-'Alā' (gest. um 770 n. Chr.), stammt der vielfach zitierte Satz: ›Es ist Euch nur wenig von dem überkommen, was die Araber sagten. Wäre es Euch reichlich überkommen, so wäre Euch viel Wissen und Dichtung überkommen.‹ In der Tat brachten die letzten Jahrzehnte immer mehr an Dichtung in neu erschlossenen islamischen Texten an den Tag, so daß der Menge gegenüber Reserve angebracht sein muß; doch bleibt von untergeordneter Bedeutung, wie umfangreich diese Poesie tatsächlich war. Wichtig ist, daß sie ›der Diwan der Araber‹ war, der uns ihre Lebensumstände und Nachrichten beschrieb und ohne den nur wenige, sehr wenige Informationen über ihre Vergangenheit erhalten wären. Verglichen mit dem, was darüber von kompetenter frühislamischer Seite ausgesagt wurde, ist der überkommene Umfang dieser Dichtung doch gering und deckt auf keinen Fall alles ab, was Zitate und Meinungen zum Ausdruck gebracht hatten.

Dennoch reichen die zahlreichen überkommenen Verse, die in Sammelwerken oder in selbständigen Gedichten (Kaṣīda, Pl.: Kaṣā'id) aufbewahrt sind, aus, um einen Eindruck von höchster Sprach- und Versentwicklung und Reife der Gattung zu vermitteln: perfekte Versmaße und Reime, geschickte und zugleich rührende Darstellungen von Liebe, Sehnsucht, Trauer, Lob, Tadel, von Tieren und Natur, Elegien und Satiren. Dies alles sieht nicht nach Anfängerarbeit aus, denn eine solche Beseeltheit wurde später in der islamischen Poesie in denselben Gedichtgattungen selten oder kaum mehr erreicht. Teile wurden von den späteren islamischen Dichtern eifrig nachgeahmt (wie die Liebe, Nasīb genannt, oder das Weinen an den Ruinen der Geliebten usw.), da sonst ein Gedicht nicht beim Publikum ankam.

Die Versmaße, 16 an der Zahl wurden von dem islamischen Philologen al-Khalīl Ibn Aḥmad (gest. um 786 n. Chr.) entdeckt und analysiert. Jedes von ihnen besteht aus unterschiedlich langen Einheiten kurzer und/oder langer Silben; Verse bilden zwei silbenidentische Hälften, wobei die zweite Hälfte einen Endreim aufweist, der sich im ganzen Gedicht wiederholt. Die berühmtesten dieser Art von Kaṣīden sind die sogenannten Mu'allakat, die wie kostbare Schmuckstücke (v. a. an den Toren der Kaaba) aufgehängt wurden. Ihre Zahl variiert von Sammlung zu Sammlung, und damit ihre Autoren; jedoch werden in der Regel sieben Namen genannt: Umru' al-Kais (500–540), der ältest belegbare unter ihnen, Sohn eines Königs, Ṭarafa Ibn al-'Abd (543–569), Zuhair Ibn Abī Sulmā (530–627), Labīd Ibn Rabī'a (560–661), 'Amr Ibn Kulthūm (gest. um 600), 'Anṭara Ibn Schaddād (um 525 bis um 615), und al-Ḥārith Ibn Ḥilliza (gest. um 580). Jedes dieser Gedichte stellt eine musikalische Fortsetzung dar, die einen ungemein streng zusammenhängenden Bau mit folgenden Teilen aufweist: Aufenthalt bei den Ruinen und Beweinen von verschollenen Freunden und Geliebten; dieser Teil wird allgemein als Einleitung verstanden und trägt die Bezeichnung ›Nasīb‹ oder Liebesteil, wobei die Liebespoesie in Altarabien platonisch war, während die städtische oder anakreontische in islamischer Zeit entwickelt wurde – Schilderung einer Reise des Dichters auf seiner Kamelin oder seinem Pferd mit der Beschreibung von allerlei Schwierigkeiten, denen er mit seinem geduldigen, ausdauernden und daher für die Wüste geschaffenen Reittier begegnete – das Reittier selber, das die Reise ermöglichte und der beste Begleiter, der Geliebte war, wird in einem weiteren Teil auf eigenartige, packende Weise in seinen schnellen Bewegungen oder in seinem imponierenden Körperbau und Gefühl beschrieben, sogar stark personifiziert, so vor allem bei Ṭarafa, wo das Pferd zum idealen Mitstreiter und Gesprächspartner (ohne Worte!) wurde – Schilderung von Jagd oder Getränk, wobei der Wein in Altarabien nicht nur bekannt war, sondern manchmal eine wichtige Rolle in bestimmten Gedichten (wie bei ʿAmr Ibn Kulthūm) spielte – Beschäftigung des Dichters mit sich selbst, mit seiner Tapferkeit, seinem Heldentum und seinen Vorzügen. Der letzte Teil ist dem Zweck des Gedichts gewidmet, der nur ein Bestandteil und auf keinen Fall der einzige Beweggrund des Dichters war: bodennahe Beschreibung ohne kontemplative Entfaltung von Eigenlob und Stammeslob, Tapferkeit, von kriegerischen Vorzügen, Großmut, Großzügigkeit, Treue, Hilfsbereitschaft usw.

Zur Elegie: Ein besonders schöner Diwan einer Dichterin ist hier hervorzuheben, der von al-Khansā' (575–664), die ihn mehrheitlich dem Andenken ihrer beiden Brüder, vor allem Sakhr, widmete. – Satire: Von allen gefürchtet, weil die Dichtung schnelle Verbreitung finden konnte. Daher das Bemühen großer Stammesführer und Gebietsherrscher um die Gunst von bedeutenden Dichtern. – Weisheitssprüche, die bescheiden, aber deutlich häufig oberflächlich auf eine gewisse Beschäftigung mit Religion oder Metaphysik hinweisen, bleiben vereinzelt und besitzen auf keinen Fall für die Mehrheit der sehr beduinisch-heidnisch geprägten Dichter Gültigkeit. Ihre Gedichte waren an erster Stelle Produkte der Wüste. – Auch der Wein beschäftigte die Dichter, jedoch blühten seine Gedichte erst richtig mit den Omaijaden und Abbasiden. – Die Liebespoesie (Nasīb) darf nicht vergessen werden, die die Geliebte wie bei der Beschreibung der Kamelin oder des Pferdes mit konkreten, angenehmen materiellen Dingen vergleicht, wobei äußere Schönheitsmerkmale, nicht aber Schilderungen von Sehnsucht und seelischen Vorgängen im Mittelpunkt stehen.

Neben den Dichtern der Muʿallakāt gab es andere, von denen Diwane bekannt sind, wie z. B. an-Nābigha adh-Dhubyānī (gest. um 604), der Hofdichter bei den Königen von al-Ḥīra und bei den Ghassaniden war, die verfeindet und Vasallen von Persien und Byzanz waren. Klug genug betrieb er eine Schaukelpolitik zugunsten seines Stammes, dessen Sprachrohr und Verteidiger er war; oder die oben erwähnte al-Khansā' sowie al-Ḥuṭai'a (gest. 679), der als größter Satiriker der altarabischen Zeit gilt, dessen Satiren weder vor seiner eigenen Familie noch vor sich selbst Halt machten.

Zusammenfassung Kapitel I

Altarabien umfaßt ca. 3,5 Mill. km^2 und liegt zwischen dem Irak und Syrien im Norden, dem Indischen Ozean im Süden, dem Roten Meer im Westen und dem Arabisch-Persischen Golf im Osten. Die Wüsten-Gebiete nehmen einen großen Raum ein. Im Zentrum befindet sich eine riesige, hügelartige Landschaft mit guter Luft. Der Jemen im Süden, in der Antike als Arabia felix bekannt, war das Zentrum der Zivilisation und des Handels in Altarabien. Die Äthiopier annektierten zunächst das Land und nach ihnen die Perser, bis es von den islamischen Heeren des Propheten Mohammed erobert wurde.

Im Norden standen die Reiche in den ersten christlichen Jahrhunderten unter römischer Herrschaft, wobei sie nach dem Zerfall Roms Vasallen von Byzanz oder Persien wurden. All diese nordarabischen Reiche kamen nach dem Zerfall des Jemen langsam zu Ansehen und standen im 6. Jh. n. Chr. auf dem Höhepunkt ihrer Macht. Vor allem der Hedschas, mit Mekka als wichtigster Stadt und dem erfolgreichen Stamm der Kuraischiten, zu dem der Prophet Mohammed gehörte, erlebte eine wirtschaftliche, religiöse und kulturelle Blüte.

Gerade in diesem Hedschas-Raum bildete sich eine Gemeinsprache heraus, die die altarabischen Dichter benutzten und die der Koran annahm und durch seine religiöse Autorität festigte. Die altarabische Literatur bestand aus wenig überlieferter Prosa und einer Masse von Gedichten, von denen nur ein Teil überkommen ist. Diese Gedichte sind intuitiv, bodenständig, mit gebundener Imagination, und erstaunlich kurz und bündig formuliert. Sie spiegeln das Leben in der Wüste wider, daher ihre Bezeichnung als ›Diwan der Araber‹. Ihre Urheber standen in besonderem Ansehen, und spätere islamische Dichter ahmten sie eifrig nach.

II. Kapitel:
Der Prophet Mohammed: Eine neue Weltreligion und Macht

1. Mohammed

In Kapitel I sahen wir, wie die großen altarabischen Reiche im Süden der Halbinsel ihre Machtpositionen infolge politischer und wirtschaftlicher Dekadenz verloren und sich eine neue Machtkonstellation im Norden zugunsten vor allem der Hedschas- Gegend herausbildete, so daß eben diese Region mit der Stadt Mekka im Zentrum – und keine andere – für die Entstehung einer neuen religiösen und politischen Ordnung auserkoren wurde, die die Welt grundlegend verändern sollte. Dadurch wurden die Araber erst vereint und traten in die Geschichte ein. Ihre Stammesrivalitäten, die in altarabischer Zeit Blutrache und Überfälle in den großen Wüstengebieten nach sich gezogen hatten, bestimmten ihre Beziehungen miteinander und schwächten sie. Sie waren immer bereit, auf der Suche vor allem nach Wasser für sich und ihre Tiere zu kämpfen. Je erfolgreicher im Kampfe, um so ruhmreicher waren sie, wobei sie neben dieser Rauheit große Tugenden, auch dem Fremden gegenüber, an den Tag legten. Der Islam veränderte in Arabien grundlegend die Lage auf allen Gebieten des öffentlichen und privaten Lebens: Der Mann, der dazu auserkoren war, war Muḥammad (Mohammed), der Stifter des Islam.

Sein vollständiger Name lautet Abū l-Kāsim Muḥammad Ibn ʻAbd Allāh Ibn ʻAbd al-Muṭṭalib Ibn Hāschim, aus dem Stamme Kuraisch. Sein Vater ʻAbd Allāh starb, als er noch nicht geboren war.

Im Jahre 570 n. Chr. in Mekka geboren, wuchs er zunächst unter der Obhut seines Großvaters ʻAbd al Muṭṭalib auf, der ihn sogar seinen eigenen Kindern vorzog. Jedoch starb dieser, als der Junge acht Jahre alt war, und einer seiner beiden Onkel väterlicherseits, Abū Ṭālib, übernahm seine Erziehung und nahm ihn immer wieder auf Geschäftsreisen mit. So begleitete Mohammed seinen Onkel nach Syrien im Alter von zwölf Jahren; in Bosra (Buṣrā) erblickte ihn ein christlicher Mönch, Baḥīrā oder Buḥairā, und erkannte an ihm, so die Biographie des Propheten, die Zeichen der Prophetie. Nach dieser Reise lebte Mohammed in Mekka; er führte Schafe für Mekkaner auf die Weide und nahm an einigen Schlachttagen der Araber teil. Nach dem 20. Lebensjahr arbeitete er für eine wohlhabende Geschäftsfrau, die ihn nach Syrien schickte, wo er einen anderen christlichen Mönch, Nasṭūr (Nestor), traf, der seine Prophetie verkündete. Mit 25 Jahren heiratete er seine Chefin.

Mit 40 Jahren, also im Jahre 610 n. Chr., setzte seine prophetische Sendung ein, die zwar im Traum begann, jedoch in einer Berghöhle in der Nähe von Mekka, wohin er sich zurückzuziehen pflegte, Wirklichkeit wurde: Durch die Vermittlung des Erzengels Gabriel wurde der Koran geoffenbart, wobei die Sure 96 (al-'Alak: der Embryo) als erste in diesem Verfahren nach der am häufigsten vertretenen Meinung gilt. Nach einer Pause setzte sich die Offenbarung fort, und so wurde ein weiterer Teil – als mekkanisch bezeichnet – herabgesandt, während der restliche Teil, die längeren Suren, die in der ersten Hälfte angeordnet wurden, in Medina geoffenbart wurde. Mohammed wurde aber von seiner sehr oligarchisch geprägten Heimatstadt, also von seinem eigenen Stamm, bekämpft und verfolgt, weil er eine echte Revolution gegen die Interessen der Kuraischiten auf mehreren Gebieten entfachte: religiös, da er eine neue Religion verkündete, die alle heidnischen, polytheistischen Religionen ersetzen und die jüdische und christliche berichtigen sollte; politisch, weil eine neue Ordnung etabliert werden sollte, die den Stamm zugunsten einer islamischen Gemeinde ersetzen wollte, in der zunächst die Araber (also die Halbinsel) vereinigt werden sollten; wirtschaftlich, weil der Islam auch hier die staatliche und gesellschaftliche Entwicklung bestimmen wollte, wobei eine größere Gerechtigkeit als im alten System angestrebt wurde.

So versammelten sich die Kuraischiten im Rathaus und beschlossen, Mohammed zu entfernen. Auf wunderbare Weise – unter dem Schutze des Erzengels Gabriel – gelang es diesem, ihnen zu entrinnen und nach Medina (früher Yathrib genannt) zu gelangen, wo er das islamische Reich gründete. Dies geschah im Jahre 622 n. Chr., mit dem der islamische Kalender – Hedschra (H.) genannt – beginnt, nach dem arabischen Wort Hidschra (Auswanderung). Das islamische Mondjahr ist um etwa 11 Tage kürzer als das christliche Sonnenjahr, so daß sich der Jahresbeginn des Mondjahres durch alle Jahreszeiten bewegt.

Zuvor fand eine erste, vielleicht sogar eine zweite Auswanderung von Mohammeds Anhängern nach Abessinien statt, wo sie vom Negus des Landes mit Aufgeschlossenheit für die neue religiöse Botschaft Mohammeds aufgenommen wurden. Die Biographie des islamischen Propheten, die von Ibn Hischām (gest. 213 H./828 n. Chr.) nach der Version seines Lehrers Ibn Isḥāk (85–150 od. 151 H./704–767 od. 768) bearbeitet und überliefert wurde, erzählt, auf welche wunderbare Weise Mohammed Mekka verließ, ohne von den Kämpfern gesehen zu werden. Diese Biographie gilt als offizielle, weil in Medina entstanden, Zentrum der ersten Theologie-Schule des Islam und somit der religiösen Autorität. Wir besitzen einen Teil einer Biographie auf Papyrus über bestimmte Ereignisse, der auf einen viel früheren Autor, Wahb Ibn Munnabbih (34–110 od. 114 H./654/55–728 od. 732) zurückgeht, in Heidelberg zusammen mit anderen Stücken, die als die ältesten ihrer Gattung gelten, und somit die älteste bekannte Beschreibung des Propheten Mohammed enthält.

2. Der Aufbau des neuen Reiches

In Medina begann für den Religions-Stifter eine Zeit des Aufbaus seines neuen Reiches. Eine Moschee für die Ausübung des Kultes wurde gebaut; die Stadt, in der verschiedene Stämme und Gruppen lebten, mußte befriedet und für die neuen Ideen gewonnen werden. Die Leute, die den Propheten von Mekka und Medina begleitet hatten, heißen Muhādschirūn (die Auswanderer); andere standen ihm in Medina bei, man nennt sie Anṣār.

Das Problem der mächtigen Juden war heikler: Obwohl einige von ihnen zum Islam übertraten und, was die alte biblische Zeit angeht, zu Autoritäten wurden, erkannten ihre Anführer in dem Propheten einen gefährlichen Widersacher, der ihre Gesellschaft und Religion reformieren wollte; so waren die Konflikte vorgezeichnet, sie führten zu heftigen Auseinandersetzungen und Verfolgungen. Daher die Verweise im Koran auf die Heuchler und Listigen unter ihnen, mit denen Gott fertig wurde. Sobald Mohammed die inneren Schwierigkeiten in Medina erfolgreich beendet hatte, kümmerte er sich um die äußeren, die von anderen jüdischen oder arabischen Ortschaften auf der Halbinsel ausgingen. So unternahmen er oder seine Heerführer eine Reihe von Feldzügen gegen die Feinde, an deren Ende diese ihm in Delegationen huldigten. Auch Mekka konnte der neuen Macht nicht standhalten und mußte kapitulieren: Der Prophet betrat den Boden der Stadt, nachdem die Götzen in der Kaaba zerstört worden waren. Hier hielt er auch seine letzte Rede, denn, kaum nach Medina zurückgekommen, erkrankte er und starb 10–14 Tage später (632 n. Chr.). Über seine Nachfolger wird im nächsten Kapitel die Rede sein, hier soll lediglich auf einige Namen oder Aspekte aufmerksam gemacht werden, die bei der Konstituierung des Islams als Religion und als Macht von Bedeutung sind.

Solange Mohammed lebte, wurden die Probleme von ihm selbst gelöst, und dies betraf sowohl die Religion als auch die Politik, Gesellschaft usw. Nach seinem Tode fühlten sich die arabischen Stämme nicht verpflichtet, seinem Nachfolger Abū Bakr (632– 634 n. Chr.) zu huldigen und im islamischen Herrschaftsbereich zu verbleiben, was diesen dazu veranlaßte, Kriege gegen sie zu führen, die man in der arabisch-islamischen Geschichte als Abfall-(Ridda-)Kriege bezeichnet. Als Abū Bakr starb, war die Halbinsel wiedervereint und seine Nachfolger, vor allem Omar (634–644 n. Chr.), konnten die Gemeinde und den Staat organisieren und um Mesopotamien, Iran, das christliche Syrien und Ägypten, den Maghreb und andere Gebiete in Afrika erweitern. Dieses riesige Reich entstand unter den drei ersten Kalifen (der 3. war Osman/'Uthmān, 644–656 n. Chr.), die von Medina aus regierten. Der zweite Kalif befaßte sich im besonderen mit der administrativen und militärischen Organisation, wobei das System des Diwan für die Erfassung und Bezahlung usw. der Staatsverwaltung eingerichtet und die Leute nach ihrer Anciennität im Dienste der islamischen Sache vergütet wurden. Hinzu kamen die Errichtung eines Schatzhauses und andere administrative und militärische Organisationen. Mit der Expansion des islamischen Reiches wurden alle Erfahrungen der Nachbarreiche, vor allem des persisch-sassanidischen berücksichtigt, so daß man im allgemeinen von einem zunehmenden persischen Einfluß auf diesem Gebiet sprechen kann. Der vierte Kalif Ali (656–661 n. Chr.) verlegte seine Hauptstadt nach Kufa im neu eroberten Irak; die Führung ging aber bald an Damaskus, wo der Statthalter des Ali und Begründer der zweiten Kalifendynastie regierte.

Wo lagen die Gründe für den Erfolg der islamischen Eroberungen? Sicherlich sind sie vielfältig und komplex: Der wirtschaftliche Faktor wird manchmal besonders betont, da die Gebiete im Osten, mehr noch die im Norden und Westen, eine willkommene Quelle des Reichtums für Staat und Kämpfer bedeuteten, die eine große Anziehungskraft auf die in der trockenen Wüste lebenden Beduinen hatte. Der religiöse Faktor, mit der Faszination für die neuen Ideen, die den Heiligen Krieg für die Sache Allahs empfahlen, ja vorschrieben, spielte eine äußerst wichtige Rolle, zumal auf dem Schlachtfeld für Allah zu sterben eine sehr ruhmreiche Tat war (und ist!), die zum Märtyrer verwandelte. All das hat mitgewirkt, ohne Zweifel. Jedoch hätten diese Faktoren allein nicht zum Erfolg ausgereicht, wenn die politisch zerrissene Lage sowohl der beiden Großreiche in Persien und in Byzanz als auch die unentschlossene Haltung ihrer Vasallen nicht dazu beigetragen hätten. Beide Reiche hatten den großen, ungebrochenen Elan der Beduinen nicht richtig eingeschätzt, und die christlichen Länder Syrien und Ägypten empfanden die neuen Herren, mindestens am Anfang, als Befreiung vom byzantinischen Joch.

3. Der Koran

Die Organisation des neuen Reiches mußte auf den religiösen Bereich erstreckt werden. Die islamische Gesellschaft war heterogen zusammengesetzt. Zunächst heidnische Araber von der Halbinsel, Konvertiten aus mehr oder weniger arabisch geprägten Regionen (wie aus dem Ghassanidenreich in Südsyrien) sowie aus jüdischen, vor allem aber aus iranischen und christlichen Regionen, für die eine Sonderregelung getroffen wurde, über die unten die Rede sein wird. Für die islamische Gemeinde mußte die neue Religion beschrieben und ihre Grundlagen festgelegt werden. Dafür wurde der Koran als Gottes Wort maßgebend; hinzu zog man das, was diesen verdeutlichte und ergänzte im privaten und öffentlichen Wirken des Stifters und seiner unmittelbaren Nachfolger und Gefährten. Dies wurde unter der Bezeichnung ›islamische Tradition‹ (arab. Sunna) in Umlauf gesetzt und später in Form von kanonischen Werken bekannt.

Der Koran, arabisch Kur'ān (Lektüre) wurde, wie oben dargestellt, auf den Stifter herabgesandt, und zwar in 114 Suren (Kapitel), die ungleich an Umfang sind. Die meisten von ihnen (92) wurden in Mekka geoffenbart. Sie sind kurz, scharfsinnig, ja feurig und voll prophetischen Gedankengutes, Ausdruck der kämpferischen Zeit Mohammeds in seiner Vaterstadt. Thematisch zielen sie in ihrer Mehrheit darauf, die Sendung des Propheten zu bestätigen und die Gegner durch Bilder der Furcht zu überzeugen: die Einzigkeit Allahs, seine Attribute oder Eigenschaften, die moralischen Pflichten des Menschen und schließlich Belohnung oder Bestrafung am Jüngsten Tag. Die restlichen 22 in Medina unter anderen Verhältnissen geoffenbarten Suren besitzen einen divergierenden Charakter: Sie sind Ausdruck des Siegers und Gesetzgebers, daher ihre Länge, die ungefähr die Hälfte des Korans ausmacht. Sie enthalten die verschiedenen islamischen Gesetze (oder deren Grundlagen) über Gebet, Fasten, Wallfahrt, sowie Gebote und Verbote für alle Bereiche des Erdenlebens, die von Bedeutung waren. Der Koran wurde zum ersten Mal in der Mitte des 7. Jh. n. Chr., also etwa 20 Jahre nach dem Tode des Propheten zusammengestellt und schriftlich fixiert; zuvor waren einige Teile auf Leder, Steintafeln und dergleichen aufbewahrt worden. Die Zusammenfassung erfolgte unter dem 3. Kalifen Osman, der selbst zu den führenden Kennern des Korans gehörte. Dieses Original gab Anlaß zu mehreren Lesarten, da die arabische Sprache eine Konsonanten-Schrift ist und Vokale und diakritische Zeichen oberhalb oder unterhalb der Konsonannten später eingesetzt wurden. Es war in einigen Abschriften an den großen islamischen Zentren der damaligen Zeit vorhanden und diente dann zur endgültigen Fixierung des Buches, die im Jahre 933 n. Chr. unter der Abbasiden-Dynastie in Bagdad vorgenommen wurde. Alle weiteren Kopien, in denen andere Lesarten vorkamen, wurden vernichtet.

Die Sprache des Korans und sein Stil sind eigenartig und gelten als unübertreffbar: eine Art Reimprosa, die große Musikalität verrät. Er umfaßt viele literarische Gattungen (s. Kapitel IV). Es genügt vorläufig, hervorzuheben, daß er Grundlage für alle geistlichen und philologischen Wissenschaften im Islam seit dem 7. Jh. n. Chr. ist. Seine Sprache ist ohne Korankommentare schwer zugänglich. Der Koran wurde in fast alle Kultursprachen der Welt übersetzt; es gibt mehrere deutsche Übersetzungen (s. Literaturangaben). Er trug zur Festigung der arabischen Schriftsprache im ganzen islamischen Reiche bei, so daß z. B. die neupersische Geistesgeschichte, die mit der Islamisierung Persiens begann, sowie die des Osmanischen Reiches derart vom Einfluß des Korans und der arabischen Kultur durchdrungen sind, daß es unmöglich ist, sie sprachlich und kulturgeschichtlich richtig zu verstehen, ohne sich vorher mit der arabisch-islamischen Kultur beschäftigt zu haben.

Jedoch enthielt der Koran nicht alles, was Menschen an Gesetzen und Vorschriften für ihr tägliches Leben brauchten, zumal er vieles nur streift, so daß sich eine erweiternde Auslegung als notwendig erwies. Sie wurde durch die islamische Tradition gewährleistet, die zusammen mit dem Koran die Quelle des islamischen Gesetzes (Scharī'a) darstellt. So lange Mohammed am Leben war, gab es keine Probleme. Er fand die nötige Regelung, falls kein Koranvers das Gewünschte reglementierte. Nach seinem Tode übernahmen seine Gefährten, zu denen die ersten vier Kalifen gehörten, die Aufgabe, auf seine Handlungen und Aussprüche (Tradition = Sunna) aufmerksam zu machen, die sie kommentierten, erweiterten – entsprechend den Situationen, für die sie benötigt wurden, vor allem außerhalb Medinas, z. B. im Irak, in Syrien oder in Ägypten. Diese Handlungen und Aussprüche, zu denen die der frommen und gelehrten Nachfolger der Gefährten kommen, stellte man nach und nach zusammen. Diese Sammlungen nennt man islamische Tradition oder Überlieferung (arabisch: Ḥadīth), wobei jede Tradition sich auf einen bestimmten Gegenstand bezieht und die Namen aller ihrer Überlieferer rückläufig bis zum Propheten selbst oder zu einem seiner Gefährten angibt. Im breiten Sinne des Wortes sind sie Ergänzung und Erläuterung des Korans. Vom 8. Jh. an wurden diese Traditionen in Büchern zusammengestellt, nachdem Stücke vor allem auf Papyrus in sehr begrenztem Umfang schriftlich fixiert worden waren. Das große Problem dieser Sammlungen besteht darin, daß sie im einzelnen nicht einheitlich von allen islamischen Richtungen anerkannt werden, da jede Richtung sich eine Anzahl von Traditionen zu eigen machte, die ihre Stellung den anderen gegenüber rechtfertigen sollte.

4. Die islamische Religion: Dogmen und die fünf Grundpfeiler

Diese beiden Quellen – Koran und Tradition – bilden also die gesetzliche Grundlage des Islam als Religion. Islam, ein arabisches Wort (Verbalsubstantiv vom Verb aslama) hat die Bedeutung Hingabe, Ergebung. Der Islam wird im Koran als die Religion schlechthin bei Allah dargestellt (Koran 3/19). So verstanden erscheint sie als die aller Propheten und Gesandten vor Mohammed, die im Koran Verehrung finden, wobei einige arabisiert, andere in eigener Auffassung beschrieben werden. Unter ihnen allen ist der islamische Prophet das Siegel aller Propheten, d. h. der letzte von ihnen, jedoch steht die Gestalt des Jesus (im Koran 'Īsā) durch die ihm im Koran gewährten besonderen Attribute über allen anderen. Der Islam ist eine semitische, biblisch fundierte Religion, die dennoch neue Formen und Korrekturen für Judentum und Christentum bietet. Der Glaube besteht aus dem Glauben an Gott, an seine Engel, Gesandten und das Jüngste Gericht. Das erste und höchste Dogma ist aber der Glaube an den alleinigen Gott; der Koran ist eine einzige Hymne darauf. Dieser Gott, der gütig, barmherzig und erhaben, allmächtig, gerecht aber auch zornig sein kann, besitzt 99 Eigenschaften, in der Theologie Attribute genannt, an die die 99 muslimischen Rosenkranzkügelchen erinnern. Obwohl betont wird, daß Allah gütig und seine Barmherzigkeit ohne Grenzen ist, ist er mehr erhaben, mächtig, kurzum unnahbar. Am allerdeutlichsten tritt dies bei der Frage der Prädestination hervor, beim sogenannten islamischen Fatalismus, der, obwohl Willensfreiheit und persönliche Verantwortung betont werden und im Koran Erwähnung finden, doch den Islam beherrscht und zur völligen Ergebenheit in das Schicksal führt; daher ist es nicht erstaunlich, daß Selbstmord in islamischen Ländern sehr selten ist. Neben Allah ist kein Platz für einen zweiten Gott, gleichgültig, wie sie zueinander stehen. Von daher versteht sich die ablehnende Haltung Mohammeds dem Christentum gegenüber. Das Trinitätsproblem ist für den Islam unbegreiflich, denn Dreifaltigkeit bedeutet soviel wie drei Götter nebeneinander, und Allah ist zu erhaben, um Genossen zu haben. Nichtsdestoweniger hebt sich die Gestalt Jesu im Koran von den anderen ab, da sie in der Sure der Maria (19) auf einer besonderen Stufe zwischen Gott und den Menschen steht: geboren nur von Maria, durch die Einwirkung Allahs, wundertätig seit dem Anfang wie kein anderer, und vor allem als ›Wort von Allah‹ und ›Hauch von ihm‹ bezeichnet, was ihm eine einmalige Dimension gibt, selbst wenn die bildliche Relativierung solcher Wörter in der islamischen Theologie betont wird. Das ließ sicherlich das besondere Verhältnis zum Christentum entstehen (s. Kapitel III). Jesus bleibt für den Islam nur ein Prophet, ein sehr bedeutender gleichwohl, und ein Mensch, der zum Vorläufer Mohammeds wurde, wie Johannes der Täufer für Jesus, denn gleichzeitig betont der Koran (Sure 4/52 und 116), daß die größte Sünde darin besteht, Allah Götter beizugesellen.

Das zweite ergänzende Dogma, im selben Glaubensbekenntnis, lautet, ›daß Mohammed der Gesandte Gottes ist‹, also: ›Ich bezeuge, daß es keinen Gott außer Allah gibt und daß Mohammed sein Gesandter ist‹. Dies wird täglich mehrmals durch die Gebetsrufer (Muezzins) in den Moscheen verkündet. Dieses islamische Dogma über Allah und Mohammed ist die erste Voraussetzung dafür, Mitglied der muslimischen Gemeinschaft zu sein. Jedoch wird von einem Muslim mehr verlangt, will er Gottes Wohlgefallen und Erbarmen erringen. Dazu sind die fünf berühmten Grundsätze oder Grundpfeiler des Islam notwendig. Der erste ist das o. a. Glaubensbekenntnis. Daneben gibt es kultische Pflichten zu vollziehen, zunächst das Gebet: Jeder Muslim muß fünf Tagesgebete verrichten, bei der Morgendämmerung, am Mittag, am Nachmittag, bei Sonnenuntergang und am Abend. Der Gläubige hat dabei sein Gesicht gen Mekka zu richten, der Kaaba wegen. Der Freitag ist der heilige Tag der Muslime, das sehr beeindruckende Freitagsgebet vermittelt das Gefühl von Gleichheit und Verbundenheit zwischen allen Gläubigen, die zusammen aufstehen und sich niederwerfen und die gleichen Worte beten, indem sie auf den Vorsteher, den Imam, blicken, der anfangs ihr Kalif, Emir oder Anführer gewesen war.

Der dritte Grundpfeiler ist das Almosen, die Armensteuer oder die Wohltätigkeit (arabisch Zakāt). Ursprünglich eine freie, fromme Übung, wurde sie allmählich zu einer regelrechten Steuer. Ansätze zu dieser Entwicklung gehen schon auf die medinische Zeit des Propheten zurück, in der er eine Art Staatskasse benötigte. Im allgemeinen beträgt das Almosen 2,5% und wird allen Arten von Vermögen auferlegt. Es dient zur Unterstützung der Bedürftigen; mit der Einziehung der Steuer sind Beamte beauftragt. Das Geld wird verwendet zur Gewinnung des Eifers der Herzen, zur Befreiung von Sklaven, zur Unterstützung von durch Schulden für einen guten Zweck in Not geratenen Personen, für den Pfad Gottes (vor allem für den Glaubenskrieg) und für notleidende Reisende (Sure 9/60).

Das Fasten ist der vierte Grundpfeiler. Mohammed war vom Fasten sehr angetan. Ramadan, der neunte Monat des muslimischen Jahres, wurde aus vielen Gründen zum Fastenmonat erkoren. In ihm wurde der Koran geoffenbart, in ihm haben mehrere siegreiche Feldzüge stattgefunden. Fasten im Islam bedeutet nicht essen, nicht trinken, nicht rauchen und keinen Geschlechtsverkehr, von der Morgendämmerung bis zum Sonnenuntergang. Verpflichtet dazu ist jeder Muslim, der volljährig ist und über normale geistige und körperliche Kräfte verfügt. Entschuldigt sind Alte, Kranke, schwangere und stillende Frauen, Reisende und Schwerarbeiter. Je nachdem haben sie das Fasten nachzuholen oder eine Sühne zu leisten. Manchmal ist das Fasten verboten, so z. B., wenn man sich in Lebensgefahr befindet.

Die Wallfahrt nach Mekka (arab.: Hadschdsch) gilt als fünfter Grundpfeiler im Islam. Dazu ist jeder freie, volljährige Muslim, der im Besitz seiner geistigen Kräfte ist, einmal im Leben verpflichtet, falls er die nötigen Mittel für die Reise und den Unterhalt seiner Angehörigen aufbringen kann und falls der Reiseweg sicher ist. Bei einer Frau kommt als Voraussetzung noch eine geeignete Person zu ihrer Begleitung hinzu. Für die Vollziehung der Pilgerfahrt gibt es fünf Bedingungen: Der Zustand des ›iḥrām‹, d. h. das Bekleidetsein mit zwei meist weißen Tüchern, die ungenäht sind und um den Körper geschlungen werden, das Verweilen am Berg ʿArafa/ʿArafāt, die siebenmalige Umkreisung der Kaaba, der siebenmalige Lauf um die zwei Orte Safa und Marwa und schließlich das Haareschneiden. Dazu kommen weitere pflichtmäßige Übungen. Die Pilgerfahrt ist an eine ganz bestimmte Zeit des Jahres gebunden und kann zu einer anderen Zeit nicht unternommen werden. Eine verkürzte Form, ›'umra‹ genannt, ist zu jeder Jahreszeit möglich. Sie beschränkt sich auf die Zeremonien unmittelbar in Mekka. Einen Großteil der religiösen mit der Pilgerreise zusammenhängenden Übungen hat der Islam von Altarabien übernommen. Sonst hat der Islam sehr viele Gemeinsamkeiten mit dem Christentum, vor allem aber mit dem Judentum, insbesondere das Dogma der Alleinigkeit Allahs/Jahwes. Die zahlreichen jüdischen Stämme im Jemen und im Hedschas haben den Islam durch ihre Rabbiner und geistigen Führer nachhaltig geprägt.

Zu den fünf Grundpfeilern des Islam zählen einige Muslime, nämlich die Kharidschiten (s. Kapitel III), den Heiligen Krieg (Glaubenskrieg), der zur raschen Expansion der Religion beitrug, die ohne Beispiel in der Geschichte dasteht. In der modernen Zeit hat dieser Glaubenskrieg weitgehend seine Bedeutung und Stärke verloren, da er meistens für politische Zwecke mißbraucht wird, wie sich dies deutlich in der Zerrissenheit der islamischen Welt widerspiegelt (man denke z. B. an den ersten Golf-Krieg zwischen Irak und Iran und an den zweiten zwischen Irak und der UNO-Allianz).

Zusammenfassung Kapitel II

Mohammed, der Stifter des Islam, wurde 570 in Mekka, im Stamme Kuraisch geboren. Von seinem Großvater und Onkel erzogen, traf er auf Reisen nach Syrien mit christlichen Mönchen zusammen. Mit 40 Jahren begann seine prophetische Sendung, die mit der Offenbarung des Koran an ihn einsetzte. Dieses heilige Buch des Islam besteht aus 114 Suren (oder Kapiteln), deren größte Zahl in Mekka, der restliche Teil in Medina geoffenbart wurden.

Mohammed wurde von seiner oligarchisch geprägten Heimatstadt bekämpft und verfolgt, weil er eine religiöse, politische und wirtschaftliche Revolution gegen die Interessen der Kuraischiten entfacht hatte. Daher seine Auswanderung (Hedschra) von Mekka nach Medina, wo er sein neues Reich gegen den Widerstand der mächtigen Stämme, u. a. der Juden, gründete und Arabien unter der Fahne des Islam vereinte. Er starb im Jahre 632.

Der Islam, eine Religion der Hingabe, der Ergebung, will nicht nur den rein religiösen Bereich, sondern darüber hinaus das politische, gesellschaftliche und individuelle Leben regeln. Was der Koran nicht ausdrücklich bestimmt, wird durch die sogenannte islamische Tradition geregelt. Der Islam ist eine semitische, biblisch fundierte Religion, die dennoch neue Formen und Korrekturen für Judentum und Christentum bietet. Das höchste Dogma ist das Glaubensbekenntnis, d. h. der Glaube an den alleinigen Allah (Gott), und an Mohammed als seinen Gesandten. Hinzu treten weitere, sogenannte Grundpfeiler: das Gebet, fünfmal am Tag, das Almosen (die Armensteuer/die Wohltätigkeit), das Fasten im Monat Ramadan, die Wallfahrt nach Mekka; einige zählen noch den Heiligen Krieg dazu.

III. Kapitel: Kalifat und Imamat im Islam

1. Entstehung und Entwicklung des Kalifats

Das Problem des Kalifats gehört zu den Kernfragen in der religiösen und politischen Entwicklung des Islam, insbesondere da die arabisch-islamische Welt bis zum heutigen Tag im Banne alter Vorstellungen lebt, die sich am besten unter der Führung eines Kalifen verwirklichen ließen. Leider verfügen wir über keine Globaluntersuchung des Kalifats als Institution in seinen einzelnen Etappen von der Einsetzung in Medina bis zur Abschaffung unter Kemal Atatürk. Die Hauptschwierigkeit liegt darin, daß eingehende Studien über die einzelnen Regierungsperioden fehlen; wohl existieren Arbeiten über die Kalifats-Doktrin, jedoch beleuchten diese Studien nicht gleichermaßen alle Gesichtspunkte und ermöglichen daher keine Gesamtdarstellung.

Betrachtet man das Kalifat von der Nähe, muß man mit den Verhältnissen anfangen, die unter dem Propheten Mohammed vorherrschten: Hier wurde alles nach dem theokratischen Prinzip geregelt, das in allen Handlungen des Propheten in Medina allgegenwärtig war, was Reckendorf erlaubte, folgendes zu schreiben:

›Mohammeds Staat ist eine Theokratie im stärksten Sinne des Wortes und zwar eine absolute monarchische Theokratie. Die Existenzberechtigung seines Staates liegt darin, daß Allah eine irdische Erscheinung will, unter deren Schutz seine Lehre, der Islam, leben kann. Allah begnadigt aus diesem Grunde die, die mit Gut oder Blut für seinen Staat tätig sind, in besonderer Weise und wacht überhaupt beständig über seinem Staat, bestraft auch z. B. Ungehorsam gegen das Staatsoberhaupt und die Gesetze, unbeschadet der weltlichen Strafe, mit einer göttlichen Strafe, namentlich mit der Hölle.‹

Man sieht, daß die Beziehungen zwischen Mohammed und Allah von einer besonderen Art waren, denn dieser leitete das Verhalten und die Taten seines Auserwählten, so daß es ständige göttliche Huda (Rechtleitung; daher später al-Mahdī, der Rechtgeleitete Kalif/Imam) gab, und zwar während des ganzen Lebens von Mohammed. Aus diesem göttlichen Auserwählungsverfahren, das sich durch Vorzeichen vollzieht, ist gemäß der jüdisch-christlichen Tradition das Prinzip der Prophetie entstanden, dessen vollkommenster Ausdruck für den Islam im Phänomen der tatsächlichen Bestimmung für eine zu erfüllende Aufgabe, für eine zu verrichtende Botschaft, im Namen Allahs und bei dessen Geschöpfen besteht. Daher die Bezeichnung Nabī Allāh (Prophet) und besonders Rasul Allāh (Gesandter Allahs), ein deutlich höherer Titel, der einen ausdrücklichen Sendungsauftrag und somit eine besondere göttliche Gnade voraussetzt: im Namen des Schöpfers eine an die Menschheit gerichtete Botschaft zu verkünden (hier: der Koran, bei Jesus das Evangelium, bei David die Psalmen und bei Moses die Gesetzestafeln).

Für die Nachfolger Mohammeds stellte sich das Problem anders, da die Institution des Kalifats mit ihnen entstand, wobei man weiß, daß die beiden ersten Kalifen Abū Bakr (632–634) und Omar als Khalīfat (= Nachfolger, daher das Wort Kalif und Kalifat) Rasūl Allāh (Nachfolger des Gesandten Gottes) bezeichnet wurden. Die Bezeichnungen Kalifat (arab. Khilāfa) und Imamat (arab. Imāma) wurden sehr früh nebeneinander verwendet; der erste Terminus beinhaltete eine allgemeinere Bedeutung. Zeitpunkt und Erscheinungsform dieser neuen Institution scheinen daher sicher festzustehen. Die Frage ist nun, wie die ersten Kalifen bestimmt, welche Auswahlkriterien angewandt und welche Machtbefugnisse ihnen zuerkannt wurden. Die islamischen Quellen heben hervor, daß diese Institution als ›Nachfolge der Prophetie‹ anzusehen sei, wobei Religion und weltliches Regieren dem Kalifen/Imam unterstehen, (so al-Māwardī, 10.–11. Jh.). Von vornherein hat man sich bei der Wahl auf die Übereinstimmung (idschmā‘) gestützt, die von Kalif zu Kalif gehandhabt wurde. So wurde der erste durch Akklamation der wichtigen Gefährten des Propheten gewählt, und zwar durch Huldigung (bay‘a). Der zweite, Omar (634–644), wurde von seinem Vorgänger designiert; ihm wurde aber von den anwesenden Gefährten gehuldigt, was die abwesenden irritierte und Unruhen nach sich zog. Der dritte und der vierte Kalif wurden ebenfalls durch eine kleine Abordnung gewählt; die Mehrheit der übrigen Einflußreichen schloß sich an. Infolge der zunehmenden Auseinandersetzungen innerhalb der Stammesgruppen gab es Schwierigkeiten; die Ermordung des dritten Kalifen ‘Uthman/Osman (644–656) brachte eine besondere Verschärfung der Lage, da Mu‘āwija, bis dahin Gouverneur in Damaskus, in die Ermordung des vierten Kalifen, Ali (656–661), involviert war. Uthman wurde in seinem Palast von Truppen aus drei Regionen (Basra, Kufa und vor allem Ägypten) ermordet, da sie sich von ihm mißhandelt fühlten und ihm eine Reihe schwerer Verfehlungen vorwarfen. Schon unter ihm wurde deutlich, daß es beim Regieren um einen Konflikt zwischen Prinzipien ging: Wem sollte man bei einem theokratisch regierten Staat die Priorität gewähren, um die Auswahl zu rechtfertigen? Den Gefährten des Propheten, den ersten Konvertiten des Islam und sozusagen ersten Kardinälen? Oder einem effizienteren Regierungsapparat, in dem man einige Gefährten beiseite schiebt und womöglich aus verschiedensten Gründen verfolgt? Der Kalif entschied sich für die zweite Lösung und somit zugunsten seiner eigenen Person und seines eigenen Clans, zu dem Mu‘āwija vom Stamme Umaija (daher Omaijaden) gehörte. Mu‘āwija gestaltete das Amt des Kalifen erblich, wobei der Amtsinhaber nach der Übereinstimmung der islamischen Gemeinde gewählt werden sollte, wie die islamischen Gelehrten es formulieren.

Um die Frage nach den Prioritäten besser beantworten zu können, ist es nötig, zunächst sowohl den Machtbereich des Kalifen als auch die Voraussetzungen für seine Wahl/Nominierung zu betrachten. Er hatte die drei folgenden Aufgaben:
1. Expansion des Islam (dies galt vor allem für die ersten Kalifen) und Anwendung der koranischen Aussagen, was in einem heidnischen und noch mehr in einem christlich-jüdischen Milieu keine einfache Angelegenheit war.
2. Führung der Armee, eine Aufgabe, die jedoch zunehmend an einen der fähigsten Befehlshaber übertragen wurde.
3. Fragen des islamischen Gesetzes, des Kultes und der Sozialpolitik.

Was die Voraussetzungen angeht, so sind es sieben: Vollkommene Gerechtigkeit, hohes wissenschaftliches Niveau, das mit Idschtihād (Befleißigung, vor allem in religiösen Fragen) verbunden sein muß, gesunde Sinne und gesunde Organe, gute Urteilskraft, um sowohl die Geschäfte der Gesellschaft als auch der Individuen führen zu können, Tapferkeit und die Abstammung von Kuraisch (Stamm des Propheten).

Für die Designierung war der Konsens einer Art Wahlrat wesentlich, der sich aus einflußreichen Personen zusammensetzte, die man Ahl al-'akd wa-l-ḥall (Leute, die binden und lösen) nennt, die im allgemeinen aus allen Regionen kamen und die Persönlichkeit vorschlugen, welche am besten die Voraussetzungen erfüllte und der die Gemeinde ihren Gehorsam entgegenbrachte. Die islamischen Juristen-Theologen haben für jede auftauchende Schwierigkeit bei diesem Auserwählungsverfahren eine Lösung vorgesehen, nach der die beste oder vorteilhafteste Persönlichkeit ausgewählt wurde. Ein Beispiel: Von zwei Kandidaten, von denen der eine gelehrter und der andere tapferer war, wählte man denjenigen aus, der im Augenblick am nötigsten gebraucht wurde. Von allen Bedingungen für die Wahl, von denen man nicht sagen kann, wann sie zum ersten Mal formuliert wurden, stand eine immer im Mittelpunkt der Diskussion: die Zugehörigkeit zum Stamm Kuraisch. Bald wurden viele Traditionen in Umlauf gesetzt, die diesen letzten Punkt belegen und auf einige Gefährten des Propheten zurückführen sollten, ohne daß man deren Historizität unter Beweis stellen kann. So entstand eine politische Ideologie, die sich vor allem Mu'āwija, Begründer der Omaijaden-Dynastie, zu eigen machte, um die Wende nach der Ermordung des vierten Kalifen Ali zu rechtfertigen. Diese Ideologie ließ Zweifel an vielen Gegnern der Omaijaden entstehen, insbesondere an den Kharidschiten, einer Sekte, die sowohl gegen Ali (der durch einen von ihnen ermordet wurde, weil er an seiner eigenen theokratischen Autorität gezweifelt hatte) als auch gegen Mu'āwija selber kämpfte, da dieser sich gegen seinen Kalifen aufgelehnt hatte. Denn für sie besaß Gott allein die Urteilskraft. Die Anhänger dieser Sekte wurden von den beiden Kalifen verfolgt, vor allem von Mu'āwija, dessen Ideologie ihrer eigenen radikalen entgegengesetzt war. Der zunehmenden Kritik dieser und anderer Gruppen ausgesetzt, begannen Mu'āwija und seine Nachfolger, den Aufstand gegen seinen Vorgänger Ali durch den Begriff der moralischen Verantwortung für die Sache der Menschen, der Gläubigen zu rechtfertigen, indem sie die Sache des durch seine Feinde auf ungerechte Weise ermordeten dritten Kalifen 'Uthmān verteidigten. Die Schwierigkeiten, vor denen Mu'āwija stand, waren erheblich: nicht nur, weil er Damaskus zur Hauptstadt des Reiches machte, sondern vor allem, weil er eine neue

Ideologie zur Legitimation der Macht entwickelte. Die Sonderstellung der Gefährten des Propheten basierte vor allem auf dem Prinzip der Anciennität im Dienste des Islam. Dadurch, daß einige von ihnen an den Umsturzversuchen beteiligt waren und danach aufgehört hatten, die Sache ihres ermordeten Kalifen zu verteidigen, gaben sie gleichzeitig die Verteidigung der öffentlichen Ordnung, das Fundament des Lebens in Religion und Gemeinde, auf. Dadurch waren sie ihrer wahren Aufgabe untreu geworden, so daß ihre frühere Sonderstellung ihnen nichts mehr nützte. Daher seien nur er, Mu'āwija, und sein Haus den wahren Ansprüchen an einen islamischen Kalifen gerecht geworden, und deswegen wagte er, die Macht des Kalifats dynastisch zu institutionalisieren, indem er sagte: ›Ich bin der erste König‹ im Islam. Einige Gruppen, darunter nahmhafte Gefährten des Propheten, wollten ihm diesen Akt der Usurpation nicht vergeben, insbesondere, da seine beiden Nachfolger sich seines Namens unwürdig erwiesen, während seine Verteidiger auf seine großen Vorzüge verwiesen, mit denen er vor allem dem Bürgerkrieg ein Ende gesetzt hatte und als glorreicher Eroberer auftreten konnte.

Nach dem Tode der beiden Nachfolger gab es neue Elemente im Kalifats-Konzept, die die Usurpation der Macht durch einen anderen Zweig innerhalb der Omaijaden-Dynastie rechtfertigen sollten und die Marwān Ibn al-Ḥakam Ibn Abī l-'Āṣ (684–685), der weder ein Gefährte des Propheten noch zu den Leuten der ›Anciennität und Tugend‹ gehörte, und sein Sohn 'Abd al-Malik entwickelten: Um ihre Haltung der islamischen Gemeinde, insbesondere ihren Anhängern und Stammesrivalen gegenüber als legitim zu verdeutlichen, hoben sie das ungemein große Recht des Monarchen hervor, der zum ›Schatten Allahs auf Erden‹ wurde und griffen ständig auf die koranische Vorstellung von der islamischen Gemeinde zurück, welche diejenige Allahs war und aus ihrem Anführer den besten Bürgen der göttlichen Autorität auf Erden macht. Manches von dieser Ideologie war bereits Allgemeingut der vorherigen Kalifen. Diese wurde aber mit den neuen Machthabern zum Dreh- und Angelpunkt ihrer politischen Anschauungen, denn der Kalif wurde für ›die Nachfolge Gottes und das Regieren über die Gläubigen‹ bestimmt. So wurde die regierende Familie zu einer von Auserwählten, denen Gott eine besondere Gnade erwies.

Da aber im Islam alles endgültig und dieser die Religion Allahs schlechthin ist, schuldet die islamische Gemeinde dem auserwählten Vertreter Allahs absoluten Gehorsam. Gerade dieser Punkt müßte zur Genüge verdeutlichen, weswegen die Omaijaden alle anderen Ideologien, auch die Anhänger der Willensfreiheit (Kadariyya, was auch Prädestination bedeutet, je nachdem, aus welcher Perspektive der Begriff betrachtet wird) bekämpften: Sie schlugen den einen ans Kreuz (Ghaylan ad-Dimaschki, gest. nach 724) und ließen den anderen durch die Prügelstrafe töten (Wahb Ibn Munnabbih, gest. 728 od. 732).

Soll das bedeuten, daß die Omaijaden der islamischen Ideologie der Macht einen messianischen, erlösenden Charakter verleihen wollten? Es wäre sehr mühselig, diese Frage durch authentische Belege beantworten zu wollen, zumal mindestens einiges davon vorher bekannt war oder in Betracht gezogen wurde. Ihre Leistung lag sicherlich darin, all diese Vorstellungen zusammengefaßt und zu ihrem Vorteil benutzt zu haben, um die Machtübernahme und das erbliche Kalifat zu legitimieren. Somit ebneten sie ihren Nachfolgern, den Abbasiden, den Weg, die viel leichtere Gründe geltend machen konnten, zumal sie sich auf den Onkel des Propheten zurückführten und außergewöhnliche Vorzüge ihres Stammes verkörperten, daher ihr Anspruch, ›die besten von Kuraisch‹ zu sein. Die Abbasiden verliehen dem theokratischen Charakter der Macht mehr Gewicht und Glanz, die nun sehr deutlich messianische, charismatische Züge aufwies; die Namen und Titel, die sie sich gaben, sind der beste Beweis dafür: Der zweite Kalif hieß al-Manṣūr (der Siegreiche), er bezeichnete sich als ›Sultan Allahs auf Erden‹; die weiteren Nachfolger: al-Hādī (der Rechtleitende), al-Mahdī (der Rechtgeleitete), ein Begriff, der eine zentrale Bedeutung im schiitischen Imamat verkörpern sollte (s. weiter unten) oder Harūn ar-Raschīd (der Weise) usw. Alles Bezeichnungen, um die zunehmenden Unzufriedenheiten und Unruhen, die das islamische Reich seit der Ermordung Alis erschütterten, zu beschwichtigen und das zu verstetigen, was die Omaijaden vor ihnen allen eingeführt hatten: ein dynastisches Regieren, das einen uneingeschränkten Gehorsam voraussetzt.

2. Spaltung in Sunniten und Schiiten. Das Imamat

Trotz alledem konnten weder diese Bemühungen noch die der Nachfolger den Erschütterungen des Reiches Einhalt gebieten: Die Spaltung des Islam war durch Mu'āwija ausgelöst worden und die Fronten verhärteten sich von da an zunehmend. Während sich die regierenden Kalifen auf Legalität und Tradition beriefen, die auf Arabisch Sunna lautet – daher das Wort ›Sunniten‹ für Anhänger dieser Richtung im Islam –, verweigerten ihnen die Anhänger Alis den Gehorsam; die arabische Bezeichnung dieser letzteren Richtung ist Schia (Anhängerschaft, Partisanenschaft – daher der daraus abgeleitete Begriff ›Schiiten‹). Für die Schiiten war Ali der einzig legitime Kalif und seine Familie war daher allein berechtigt, ihm nachzufolgen. Deswegen erkannten sie Mitglieder dieser Familie als Oberhäupter ihrer politisch-religiösen Richtungen an und benutzten den Terminus Imam, der allerdings auch von den sunnitischen Kalifen früh gebraucht wurde, zur Bezeichnung ihrer höchsten Anführer. Das Imamat ist in der schiitischen Ideologie eine göttliche Angelegenheit, über die die islamische Gemeinde (Umma) nicht zu befinden hat. Diese Ideologie ist keine neue, wie wir schon sahen, sie geht auf die Anfänge zurück, um allein an Ali und seinem Haus als legitimen Nachfolgern des Propheten festzuhalten. Ebenso fest stehen alle schiitischen Gruppen hinter dem Dogma der Unfehlbarkeit ihres Imams, der von Gott auserwählt wird, um das ihm anvertraute, heilige Gut zu behüten. Sie alle erklärten also den anderen Kalifen-Dynastien ihre Feindschaft. Zwischen allen Schiiten besteht Einigkeit über Ali und seine beiden Söhne al-Ḥasan und al-Ḥusain; über die weiteren Nachfolger aber gehen die Meinungen auseinander: Eine Gruppe, al-Kaisaniyya – nach ihrem Gründer Kaisan genannt – erkennt nach al-Ḥusain nur Muḥammad Ibn al-Ḥanafiyya, dem Sohn Alis von seiner zweiten Frau Khuwaila vom Stamm Banū Ḥanīfa, das Nachfolgerecht zu; sie bildet eine Minderheit. Die Mehrheit der Schiiten setzen die Reihe der Imame mit der Dynastie von al-Ḥusain fort und werden als Zwölfer Schiiten bezeichnet, da sie als siebten Imam Mūsā al-Kādhim (gest. 183 H./799) anführen und bis zum zwölften weiterzählen, der Muḥammad al-Mahdī hieß, und um 260 H./874 eine kurze Entrükkung, 329 H./941 seine große Entrückung erlebte. Eine andere

Gruppe, die Siebener Schiiten oder Ismaeliten, trennte sich beim siebten Imam von den Zwölfer Schiiten, um Ismā'īl (gest. 138 H./755) an die Stelle des Mūsā al-Kādhim zu setzen.

Fragt man nach dem Unterschied zwischen Schia und Sunna, so kann man feststellen, daß er nicht groß ist und sich weniger auf die Dogmen als vielmehr auf einen bestimmten religiösen Führer, Imām, bezieht, zu dem sie sich bekennen. Die theologisch-dogmatischen Abweichungen werden wesentlich größer mit der Spaltung der Schia in kleinere Gruppen, die die ›übertreibenden‹ Schiiten (Ghulāt) genannt werden. Man sollte daher vorsichtiger mit der Bezeichnung der Schia im allgemeinen sein und vor allem das Wort ›Sekte‹ oder ›Häresie‹ auf die oben erwähnte, orthodoxe Schia nicht anwenden. ›Sekte‹ oder ›Häresie‹ bezeichnet die übertreibenden Gruppen, wobei das ismaelitische Missionieren durch spätere von Ali abstammende Fatimiden-Imame übernommen wurde, deren alidische Abstammung bereits von ihrer Umgebung bestritten wurde. Diese ›Übertreiber‹ entfernen sich sehr von der Sunna und orthodoxen Schia, insbesondere dadurch, daß ihre Lehre die Göttlichkeit ihrer Imame und die Seelenwanderung beinhaltet, was von den Orthodoxen bekämpft wurde.

Obwohl die Schia ihre Anfänge auf die alidische Zeit zurückführt, wurde die Entrückung des zwölften Imam nach und nach im 4. islamischen Jahrhundert/10. Jh. in den Glauben aufgenommen; jetzt begann die Missionsarbeit der Ismaeliten im Süden des Irak Erfolge zu verbuchen. Es verdient in diesem Zusammenhang hervorgehoben zu werden, daß wichtige Grundlagen der Schia für die Bewegung im Leben der Gemeinde konzipiert wurden, wie die von al-Ḥillī (gest. 726 H./1326) aufgestellte Norm des Idschtihād (der Befleißigung), die aus den schiitischen für die Rechtsfindung zuständigen Geistlichen alles andere als Fundamentalisten machte – ganz im Gegenteil zu den jetzigen religiösen Führern, den Ayatollahs.

Zusammenfassung Kapitel III

Das Problem des Kalifats und Imamats im Islam gehört zu den Kernfragen in der religiösen und politischen Entwicklung des Islam, insbesondere, da die arabisch-islamische Welt bis zum heutigen Tag im Banne alter Vorstellungen lebt. Leider gibt es keine Globaluntersuchung des Kalifats als Institution.

Unter dem Propheten Mohammed wurde alles nach dem theokratischen Prinzip geregelt, das in seinen Handlungen allgegenwärtig war. Für die Nachfolger stellte sich das Problem anders, da das Kalifat bzw. Imamat mit ihnen entstand. Die ersten Kalifen sind in einer Art Übereinstimmung ausgewählt worden. Die gewaltsame Übernahme der Macht durch den Begründer der 2. Dynastie, der Omaijaden, wurde anders gerechtfertigt, nämlich mit dem Festhalten an einer früheren Ideologie des Ausgewähltseins als Kalif und deren Weiterentwicklung. Seine Nachfolger entwickelten diese ideologische Richtung noch mehr; die Herrscher der 3. Dynastie, die Abbasiden, brachten sie zu einem Höhepunkt.

Diese drei ersten Dynastien waren Sunniten, d. h. Anhänger der islamischen Sunna (Tradition) oder der Orthodoxie im Islam. Sie hatten aber Gegner, vor allem die Anhänger des vierten ermordeten Kalifen Ali, die man Schiiten nennt (von ›Schia‹, Anhängerschaft, Partisanenschaft); für sie waren Ali und sein Haus die legitimen Nachfolger des Propheten, deswegen entwickelten sie das System des Imamats (ein Begriff, der auch bei den sunnitischen Kalifen Verwendung fand): Die orthodoxen Schiiten zählen zwölf Imāme (daher die Zwölfer Schiiten), wobei der zwölfte entrückt wurde; während andere Zweige, wie die Ismaeliten, nur sieben haben, deren siebter ebenfalls entrückt wurde. Diese letzteren gehören zu den übertreibenden Schiiten, die sehr große Unterschiede zum orthodoxen Islam aufweisen.

IV. Kapitel: Die erste islamische Renaissance: Der Koran und seine Revolution

Die Fachbücher in Ost und West sprechen gerne von Renaissance im Islam, wobei sie zum einen die klassische, zum anderen die moderne (arabische z. B.) meinen. Es soll hier nicht diskutiert werden, ob der Gebrauch des Ausdrucks in beiden Fällen richtig ist, vielmehr soll gezeigt werden, daß eine solche Bewegung im Islam zunächst in Verbindung mit dem Koran und seiner Revolution einsetzte.

Der Islam betont seine besonders offene Haltung dem Wissen und der Wissenschaft gegenüber; in keiner anderen Kultur hat das Wort lesen eine so zentrale Stellung wie im Koran und in der islamischen Gelehrsamkeit: Die arabische Form für Koran ist Kur'ān (Lektüre und darüber hinaus ›Verkündigung‹, da die islamische Tradition von einer Offenbarung spricht, die durch das Hören wahrgenommen wurde). Der Koran wurde mit der Aufforderung ›lies‹ dem Propheten Mohammed geoffenbart (s. Sure 96, 1 ff.: Lies im Namen deines Herrn), ein Verb, das neben dem Verb wissen mit den abgeleiteten Verbal- oder Substantivformen häufig im Koran vorkommt. Wenn der Text des Korans als ›vital‹ für die islamische Gemeinde betrachtet wurde und nach wie vor betrachtet wird, so ist dies nicht nur für die rein religiösen Strömungen, sondern darüber hinaus für die kulturellen gültig, die vom Koran ihre Impulse bekamen: So wie das Christentum um eine Person kreist, die Jesu Christi, so dreht sich der Islam um das Buch aller Bücher, um den Koran, dessen Wort als unnachahmlich gilt. Bis zum heutigen Tage ist es das Ziel der meisten Muslime, vor allem der Araber unter ihnen, dieses Buch zu lesen, ja sogar auswendig zu lernen. Es war der erste arabische Text in Reimprosa, der uns überkommen ist; er brachte viele Probleme sprachlicher und inhaltlicher Art mit sich, für die die bis dahin heidnisch und sehr wenig philologisch, theologisch und historisch geschulte altarabische Welt sehr schlecht ausgerüstet war. Da der Islam nicht zwischen schriftlicher Inspiration und Offenbarung unterscheidet, ist für ihn jeder heilige Text ein von Allah Wort für Wort geoffenbarter. Es waren Worte Allahs, die den Menschen mitgeteilt werden mußten, was die besondere Aufmerksamkeit der frommen Muslime herausforderte, zumal, da die Schönheit der arabischen Sprache ihre Rolle dabei spielte. Eine der Bezeichnungen dieses kostbaren, im arabischen Schrifttum in Art und Tragweite einzig darstehenden Textes ist gerade al-Kitāb, das Buch; gemeint ist das Buch aller Bücher, eine Bezeichnung, die als Eigenname auch der ersten überkommenen arabischen Grammatik des Sībawayh verliehen wurde. Der Koran trägt ebenfalls eine weitere Bezeichnung, nämlich adh-Dhikr, d. h. die Ermahnung, das Gedenken, das ständig Auswendiglernen. Das ist ein Programm für das Leben des Gläubigen, das richtig verstanden und an die Gemeinde weitergegeben werden muß.

Eine ausführliche Beschreibung dessen, was der Koran in Bewegung gesetzt hat, ist im Rahmen eines kurzen Kapitels in einer allgemeinen Einführung wie dieser eine schier unlösbare Aufgabe. Man muß von einer neuen Welt in Religion, Geschichte und Kultur sprechen, deren Tore er weit aufstieß. Diese drei Gebiete sollen Gegenstand einer kurzen Untersuchung sein:

Wir sahen bereits, wie wenig die altarabische Zeit geistlich geprägt gewesen war. Mit dem Koran kam die Wende, und die vordem heidnischen, nun zum Islam bekehrten Araber, wurden auf einmal mit neuen Themen konfrontiert, die zwar bei ihren semitischen Nachbarn, den Vertretern der biblischen Tradition, Juden wie Christen, bekannt waren, die dennoch eine neue Dimension auch in der Festsetzung dieser Tradition, aber auch in den neuen Akzenten, in den Abgrenzungen dazu enthielten. Es gibt Themen, die sich um das islamische Dogma (ʻakīda) drehen, um das kultische Leben ʻibādāt), um das menschliche Handeln in Verbindung mit der moralischen Finalität (d. h. die eigentliche Moral, arab. akhlāk) und schließlich um das gesellschaftliche Verhalten (muʻāmalāt). Der Koran bringt dem Menschen die Wahrheiten vor Augen, die er vor Gott und vor seinen Mitmenschen bezeugen muß, und ist ein Leitfaden für das irdische Leben. Dies bedeutet nicht, daß der Gläubige aus dem Koran Vorschriften für alle Situationen seines Lebens herauslesen kann. Man kann nie genug betonen, daß der Koran lediglich einen allgemeinen Rahmen für das Leben in beiden Welten darstellt, der immer wieder einer genaueren Interpretation, eines Kommentars, einer ernsten geistigen Anstrengung bedarf, um das zu begreifen, was gemeint ist, was nur kurz angedeutet ist, was nur eine zusätzliche Tradition nach den Meistern des geistlichen Denkens im Islam, Gefährten des Propheten oder späteren Rechtsgelehrten, verdeutlichen kann.

Für diesen langen, schwierigen Weg benötigte die islamische Gemeinde Lehrschulen, Fachleute und geldgebende Instanzen. Die ersten Lehrinstitutionen des Islam waren sicherlich die Koranschulen, die sich in den einzelnen Moscheen um den heiligen Text bildeten. Daneben aber spielten schon sehr früh die Häuser von Gelehrtenfamilien eine äußerst wichtige Rolle: Die gelehrsamen Familienoberhäupter müssen Salons geführt haben, in denen sich Schüler und Wissensdurstige aus dem In- und Ausland um sie versammelten, um zu hören und zu lernen und Material auszutauschen. Solche Sitzungen, die der Unterhaltung, den Studien und der Überlieferung dienten und die uns mittlerweile sehr bekannt sind, haben früher in Altarabien – wenn auch nicht mit denselben religiösen und neueren Tendenzen – stattgefunden; die Familienkreise gewannen eine zunehmende Bedeutung bei der Verbreitung der Wissenschaft. Solche Begegnungen wurden durch die zahlreicher gewordenen Reisen ermöglicht; sie wurden auch durch praktische Berufe, materielle Bedürfnisse und selbstverständlich durch die Pilgerfahrten begünstigt. Bei diesen Zusammenkünften spielten Studien zum besseren Verständnis des Korans eine primäre Rolle. Dazu gehörten natürlich die Korankommentare, die sich zunächst mit der Sprache beschäftigten, da diese das erste Hindernis zum Verständnis des Textes darstellte. Auf die korrekte Lesung folgten die üblichen Aspekte des Kommentierens. In diesem Prozeß des Begreifens war alles nötig, was zur sprachlichen und inhaltlichen Verdeutlichung des Textes beitragen konnte, wie die altarabische Poesie (und Prosa) und die islamische Tradition, die nach und nach gesammelt wurden, um Belege sowohl für die Sprache als auch für die Gewähr einer Aussage zu besitzen.

Auf diese Art Tätigkeit folgte bald eine andere, die man ebenfalls als eine Art historischer Korankommentare im breiten Sinne des Wortes auffassen kann: Schon früh nach dem Tode des Religionsstifters stand das Leben des Propheten Mohammed als eigene Gattung im Mittelpunkt der Aufmerksamkeit seiner gelehrten Gemeinde. Sie begann, die Ereignisse seines Lebens und Wirkens zusammenzustellen. So entstand – neben der islamischen Tradition – eine neue, bis dahin bei Muslimen unbekannte Dimension der Geschichtsschreibung, die man generell Prophetengeschichte nennen kann, wobei das Leben des Religionsstifters den Auftakt dazu gab. Die ältesten Versionen stammen vom Ende des 1. und Anfang des 2. islamischen Jahrhunderts (7./8. Jh. n. Chr.); einige Episoden sind uns auf Papyrus in Heidelberg erhalten. Sie sind also viel älter als die offizielle Biographie von Mohammed, die in der Bearbeitung des Ibn Hischām der Nachwelt erhalten ist und die auf seinen Lehrer Ibn Isḥāk zurückführt. Ibn Isḥāk schrieb man die historische Perspektive im Frühislam zu, nämlich die biblische, vorislamische und islamische. Diese Meinung ist längst durch das Bekanntwerden der Person des Wahb Ibn Munnabbih überholt, von dem Ibn Isḥāk auf dem Gebiet der biblischen Geschichte abhängig war. Ibn Munabbih nahm vor seinem Schüler Ibn Isḥāk die historische Erweiterung vor, denn man schreibt ihm die älteste bekannte Geschichte der (biblischen) Propheten zu, von der ein Heidelberger Papyrus über die Geschichte Davids Zeugnis ablegt, sowie die älteste Version über die südarabisch-jemenitische Geschichte, die uns in einer erweiterten Fassung durch eben diesen Ibn Hischām überkommen ist, und die oben erwähnte Biographie (Maghāzī = Feldzüge, die im Frühislam damit identisch waren). Dies entspricht genau den drei Teilen der frühislamischen Universalgeschichte. Diese Beschäftigung mit der Geschichte ist durch den Koran ins Leben gerufen worden, wobei die südarabische Vergangenheit als Pendant zu den vorislamischen Teilen in der Biographie des Propheten Mohammed anzusehen ist, da sie sowohl den Stolz der Südaraber als auch deren religiöse Verbundenheit mit der prophetischen Welt ihres islamischen Propheten bekunden will. Von da an lassen sich spätere Entwicklungen im Rahmen der historischen Darstellungen vorausahnen (s. Kapitel V), denen aber der Koran durch seine Angaben über frühere Völker und seine historisch-geographischen Hinweise den Weg direkt oder indirekt geebnet hat.

Es wird immer deutlicher, wie der Koran zum treibenden Faktor einer breit angelegten Renaissance wurde, die nicht nur religiös geprägt war, in der aber der heilige Text des Islam impulsgebend fungierte: einmal die philologischen Studien, die zunächst dazu dienten, die Sprache des Korans zu verdeutlichen, da es galt, nicht nur Nichtarabern, sondern auch sprachlich unkundigen Arabern eine einwandfreie Lektüre der häufig schwer zugänglichen Sprache zu ermöglichen – in einer Zeit, in der die Ignoranz weit verbreitet war. Um die Sprache sowohl semantisch als auch grammatikalisch verstehen und verständlich machen zu können, verlegte sich das Interesse der Philologen und Korangelehrten auf alles Altarabische, das eine Hilfe bei der Beseitigung dieser Schwierigkeiten bieten konnte. Man begann sich also für die Kulturzeugnisse der arabischen Vergangenheit zu interessieren, die man nach und nach in Diwanen, Anthologien usw. sammelte, auch die spärlichen Prosatexte, vorwiegend Sprüche, Maximen, Sprichwörter und dergleichen. Alles, womit sich die Religion durch den Text aller Texte später beschäftigen sollte, war im Kern geboren, so daß die nachkoranische Zeit aus dem Koran schöpfte, sobald man sich mit Wissenschaftszweigen beschäftigte, die mit der Religion zu tun hatten. Kurzum: ohne Koran keine islamische Kultur im breiten Sinne des Wortes, denn alles, was in der klassischen Zeit entstand, bezog sich auf den Koran (Theologie, Rechtsfragen, auch Mystik usw.) und bearbeitete Themen in Verbindung mit dem Koran, so daß der Koran Dreh- und Angelpunkt der islamischen Kultur bis zum heutigen Tage geblieben ist.

Diese Bewegung war jedoch ein Anfang, der in seinen kulturellen, vor allem naturwissenschaftlichen Aspekten sehr begrenzt geblieben wäre, wäre nicht eine größere klassische Renaissance dazu gekommen, die die arabische zu einer Weltkultur größerer Dimensionen werden ließ.

Zusammenfassung Kapitel IV

Die klassische Renaissance im Islam ist ohne die Wirkung des Korans auf die intellektuelle islamische Welt unvorstellbar. Im Koran findet sich der Kern dessen, was man Treibkraft der geistigen Entwicklung im Islam nennen kann. Der Text des Korans wurde und wird als ›vital‹ für die islamische Gemeinde betrachtet. Dies ist nicht nur für die rein religiösen Strömungen, sondern darüber hinaus für die kulturellen gültig: Sein Wort galt als vollkommen und daher unnachahmlich, er war das erste arabische Buch in Reimprosa, seine Sprache und seine Inhalte mußten Nichtarabern, aber auch Arabern verdeutlicht werden. Daher bildeten sich die ersten Gelehrtenkreise in Moscheen oder Privathäusern, um seine Sprache zu erklären und seine Inhalte zu kommentieren. So entstanden die ersten Bücher, die auf weitere literarische Belege aus der Vergangenheit, wie etwa Poesie, Geographie und Geschichte, beginnend mit der Lebensgeschichte des Propheten selber, ausgedehnt wurden.

Alles, womit sich die Religion durch den Text aller Texte später beschäftigen sollte, wie Theologie, Rechtsfragen, auch Mystik usw., war im Kern geboren, so daß die nachkoranische Zeit aus dem Koran schöpfte, sobald man sich mit Wissenschaftszweigen beschäftigte, die mit der Religion zu tun hatten. Der Koran ist der Dreh- und Angelpunkt der islamischen Kultur bis zum heutigen Tage geblieben.

V. Kapitel: Entfaltung der klassischen Renaissance des Islam

1. Historisch-politischer Abriß

In Kapitel IV wurde die koranisch geprägte Literatur in großen Zügen behandelt, wobei deutlich wurde, daß der Begriff Renaissance zunächst für diese Literatur Anwendung finden sollte. Dennoch wurden die engen Grenzen dieser ersten geistig-geistlichen Bewegung sichtbar, verglichen mit denen der Omaijaden- und Abbasidenzeit. Daß die ersten Kalifen (632–661), Orthodoxe oder Rechtgläubige genannt, um Kultur bemüht waren, steht außer Zweifel. Sie alle lebten mit dem Propheten Mohammed und standen ihm mit großem Eifer zur Seite: Der erste, Abū Bakr (632–634), gab dem Propheten seine Tochter 'Ā'ischa; der zweite, Omar (634–644), seine Tochter Ḥafṣa; der dritte, Osman (arab.: 'Uthmān 644–656), heiratete zwei Töchter des Propheten und der vierte, Ali (656–661), schließlich war Mohammeds Vetter und heiratete dessen Tochter Fāṭima. Unter der Herrschaft dieser Kalifen hatte sich das islamische Reich sehr ausgedehnt: Arabien, Syrien, Palästina, Irak, Persien, Ägypten und Teile Nordafrikas gehörten dazu. Der zweite Kalif, Omar, nahm unter ihnen eine besondere Stellung ein, denn ihm verdankte das Reich seine erste Organisation, die danach weiter entwickelt wurde. Unter dem vierten, Ali, flammten heftiger als zuvor Stammesrivalitäten auf, was die Entstehung politischer Parteien begünstigte, welche sich zu theologischen Gruppen oder Sekten entwickelten; mit ihm verlagerte sich der Sitz des Kalifats von Medina nach Kufa im Irak, wo sich die meisten seiner Anhänger versammelten.

Mit Ausnahme von Abū Bakr starben diese Kalifen keines natürlichen Todes. Ali wurde – praktisch schon vor der Ermordung – durch seinen Nachfolger Mu'āwija abgelöst; dieser wurde zum Gründer der zweiten Kalifendynastie im Islam, der der Omaijaden (661–750). Es wurde bereits dargestellt, wie der vereinbarte Schiedsspruch zwischen ihm und seinem Vorgänger Ali nach den bewaffneten Auseinandersetzungen zu seinen Gunsten gewendet wurde. Damaskus wurde nun zur neuen

Hauptstadt des Reiches, wo Mu'āwija zwanzig Jahre als Statthalter und zwanzig weitere als Kalif residierte. Unter ihm und seinen Nachfolgern dehnte sich dieses Reich auf ganz Nordafrika, Spanien, Sind, Armenien und Kaukasien aus. Seine verwaltungstechnischen Fähigkeiten konsolidierten den Staat: Er schuf das erste organisierte Heer, das zur Festigung seines Reiches beitrug und den Platz des persischen und byzantinischen einnahm. Dreimal wurde Konstantinopel belagert, und erst beim dritten Male (714) konnte der arabischen Expansion Einhalt geboten werden. Im Westen erstreckte sich die arabische Herrschaft von Spanien bis nach Gallien, wo Karl Martell bei Tours und Poitiers 732 die Christen zum Siege führte. Die Omaijadendynastie schuf bedeutende Leistungen: Der Staat wurde arabisiert, Reformen aller Art eingeleitet und es entstand eine islamische Zivilisation, die sich nach und nach über das ganze Reich verbreitete. Jedoch schwächte im weiteren Verlauf sich die Zentralmacht immer mehr ab und das Reich – innerlich u. a. durch verschwenderische Lebensführung angenagt und von außen bedroht – geriet bald in Zerfall.

Dafür verantwortlich war die dritte Dynastie, die der Abbasiden (749–1258), die sich zunächst mit den Gegnern der Omaijaden verbündete, um ihre Ziele zu erreichen. Diese Gegner bestanden hauptsächlich aus Anhängern Alis, den sogenannten Schiiten. Die Abbasiden, die ihren Namen auf einen Onkel des Propheten zurückführten, entfachten ihre Revolte 747 im persischen Chorasan und brachten Abū l-'Abbās (749–754) an die Macht; sein Bruder und Nachfolger, Abū Dscha'far al-Manṣūr (754–775), wurde aber zum eigentlichen Stammvater des Reiches: 762 gründete er Bagdad und erkor es zur neuen Hauptstadt. Von da an begann das goldene Zeitalter der islamischen Geschichte, das mit dem berühmten Hārūn ar-Raschīd (786–809) seinen Höhepunkt erreichte, welcher als Herrscher Karl den Großen an Größe und Bildung überragte. Byzanz zitterte in ständiger Furcht vor Bagdad und seine Kaiser waren dem Kalifen tributpflichtig. Der zweite Sohn Hārūns, al-Ma'mūn (813–833), trat in die Fußstapfen seines Vaters; unter ihm erhielt die klassische Renaissance gewaltige Impulse. Die Bedeutung dieses Zeitabschnitts, ohne Zweifel der glanzvollste der islamischen Geschichte, lag nicht nur auf dem Gebiet der Politik oder in höfischer Prachtentfaltung, sondern mehr noch in einem Höhenflug des Geistes, der jedoch nicht auf allen Gebieten bis zum Ende des Abbasidenreiches in Bagdad (1258) fortbestand. Mit dem Ende der Abbasidendynastie, deren Kalifen nur noch als Schattenfiguren der Macht in Kairo bis zu ihrer endgültigen Entmachtung durch die osmanischen Sultane 1517 dahinvegetierten, endete die Herrschaft der Araber im islamischen Reich und es begann die der Osmanen, die 1517 sogar das Kalifat an sich rissen, um es erst nach dem Ersten Weltkrieg zu verlieren.

Wir sahen, daß sich der Islam nicht nur in Arabien und in den Ländern des heutigen Nahen Ostens, sondern auch auf Afrika, Asien und Spanien ausdehnte. Dies geschah vor allem unter der letzten und bedeutendsten arabischen Kalifendynastie. Einmal Herr der Lage, verfolgten die Abbasiden ein einziges Ziel, die völlige Vernichtung der Omaijaden, deren Mitglieder zum Teil auf einem Bankett 750 geköpft, zum Teil später verfolgt und umgebracht wurden. Ein junger Prinz namens ʻAbd ar-Raḥmān konnte entkommen. Von Nordafrika aus eroberte er Südspanien und gründete dort im Jahre 756 ein Omaijaden-Emirat, das unter ʻAbd ar-Raḥmān III. (reg. 912–961) im Jahre 929 zum Kalifat über Spanien erhoben wurde. Diese Entwicklung erklärt sich dadurch, daß die Anhänger der Omaijaden in Nordafrika und Spanien sehr zahlreich waren. Das Omaijaden-Kalifat blieb bis zum Jahre 1031 mächtig und wurde dann durch andere nordafrikanische Dynastien ersetzt, welche bis 1492 in Spanien aufeinanderfolgten, ohne je wieder das Niveau ihrer omaijadischen Vorgänger zu erreichen. Die Omaijaden machten aus Südspanien al-Andalus (von daher: Andalusien), ein zivilisiertes Großreich, dessen Städte in jeder Hinsicht mit Bagdad wetteifern konnten.

Als die Abbasiden den Höhepunkt ihrer Machtentfaltung überschritten hatten, konnten sie ihren Herrschaftsanspruch nicht mehr in allen Teilen ihres Großreiches durchsetzen, so daß dessen Einheit von kurzer Dauer war. Kleinreiche entstanden überall: Im Maghreb herrschten die Idrisiden (788–974), in Tunesien die Aghlabiden (800–909), in Ägypten die Tuluniden (868–905), Ikhschididen (935–969) und Fatimiden (969–1171), welche in Kairo ein Gegenkalifat errichteten und durch die – von Saladin, dem Sieger über die Kreuzfahrer, geführten – Ayyūbiden (1171–1250) vertrieben wurden, wobei ihre schiitisch geprägte große Kultur ebenfalls vernichtet wurde. Andere Reiche entstanden im Orient, die nur noch lose Bindungen zu Bagdad pflegten, wie die Bujiden (932–1062) in Persien und die Hamdaniden (905–1004) in Nordsyrien (Aleppo), deren Hof mit ihrem Emir Saif ad-Daula (944–967) an den von Hārūn ar-Raschīd erinnerte.

2. Wissenschaftliche Entfaltung

Es entstanden neben Bagdad weitere kulturelle Zentren, mit Schulen oder Akademien, an denen zum Teil namhafte Gelehrte wirkten. Auch wurden Begegnungen zwischen Gelehrten immer zahlreicher, bedingt durch die Pilgerfahrten nach Mekka oder zu anderen heiligen Stätten oder einfach durch andere Reisebedürfnisse. Die Wissenschaften verbreiteten sich in allen Teilen des islamischen Reiches und eine große Zahl von Gelehrten verband das vorhandene arabisch-islamische Erbe mit den neuerworbenen Erkenntnissen aus fremden Zivilisationen.

Im vergangenen Kapitel sahen wir, wie bedeutend die vom Koran ausgegangenen Impulse für die islamische Kultur waren. Wäre diese auf die koranisch geprägten Gebiete beschränkt geblieben, hätte sie die Welt nicht in so erstaunlicher Weise revolutioniert; erst durch den Kontakt mit Kultur und Zivilisation der persischen und vor allem der hellenistischen Welt gelang die volle Entfaltung der arabisch-islamischen Kultur. Ihre Anfänge lagen sicherlich in der Zeit der Omaijaden. Wenn dies im ganzen gesehen für den in Kapitel IV beschriebenen Rahmen zutreffend ist, so sind die neuen Wissenschaften davon ausgenommen. Wichtig bleibt die Erkenntnis, daß diese zweite Kalifen-Dynastie in einem sehr begrenzten Maße mit dem persischen und griechischen Geist in Berührung kam; authentische schriftliche Zeugnisse hierfür fehlen leider. Und dennoch war ein Kontakt mehr als wahrscheinlich gewesen, bedenkt man, daß die Araber schon vor dem Islam politisch von Persern einerseits und Griechen andererseits abhängig gewesen waren. Spürbar häufen sich die Anzeichen für eine intensivere Berührung mit den fremden Kulturen vom Ende des 8. Jh. an, und zwar unter Hārūn ar-Raschīd und vor allem unter seinem Sohn al-Ma'mūn am Anfang des 9. Jh.: Nach Verwirklichung der politischen Größe und Befriedigung der materiellen Bedürfnisse trat der Hunger der Kalifen nach dem zu Tage, was ihnen zur Verwirklichung der idealen Größe noch fehlte, ein moderner kampffähiger Staat anstelle beduinischer Zivilisation.

Wenden wir uns zunächst dem persischen Einfluß zu, der in den arabischen Gebieten immer stärker wurde, vor allem im Irak. Schließlich trugen die Perser wesentlich dazu bei, daß die Abbasiden an die Macht gelangten. Der Kontakt mit Persien war nur auf literarischem und politischem Gebiet fruchtbar. Autoren, die entweder aus Persien stammten oder über verwandtschaftliche Beziehungen zu diesem Lande verfügten, wollten die arabischen Kalifen und Großen des Reiches erziehen und ihnen politische Weisheit beibringen. Ihr Einfluß war bedeutend auf die Entwicklung der feinen Bildungsliteratur, die mit dem aus Persien stammenden 'Abd Allāh Ibn al-Mukaffa' (um 720–um 756), Autor des ersten Fabelbuches (Kalila wa-Dimna), im Islam einsetzte und deren Vertreter am Ende des 9. Jh. eine Synthese von persischem und arabischem Gedankengut zu verwirklichen suchten, welche maßgebend für die nachfolgenden Jahrhunderte sein sollte. So waren die Perser von großer Bedeutung für das islamische Reich, was Staatsführung und feine Bildung betrifft. Daß dabei ihre Beziehungen zu den arabischen Herrschern und Intellektuellen (auch Dichtern!) nicht ohne Probleme verliefen, bekundet eine sehr lebhafte und zum Teil kunstvolle Literatur der Auseinandersetzungen. Bereits in vorislamischer Zeit waren solche Beziehungen sehr gespannt gewesen, und mit dem Islam traten die zu großen Rivalitäten heftiger denn je an den Tag, nicht nur auf literarischem, sondern auch auf politischem Gebiet, so daß z. B. Hārūn ar-Raschīd eine große in seinem Dienste befindliche persische Familie, die der Barmakiden, im Jahre 803 blutig entmachtete.

Von den Griechen übernahmen die Araber weitaus mehr, nämlich Naturwissenschaften und Philosophie. Auf diesem Gebiet hatte der Islam bis dahin wenig hervorgebracht (s. o.). Die Naturwissenschaften befanden sich in einem sehr primitiven Stadium, und Philosophie gab es nicht. Schon bevor Kalifen den Willen bekundet hatten, mittels der hellenistischen Zivilisation ihr Reich zur Weltmacht zu erheben, war diese fremde Kultur im Orient bekannt gewesen, u. a. bei den christlichen Syrern, deren Sprache syrisch-aramäisch war und die später eine Schlüsselrolle bei der Vermittlung des griechischen Gedankenguts an den Islam spielen sollten. Deren zum Teil hochangesehene Gelehrte unterrichteten an zahlreichen Lehrinstitutionen Philosophie und Naturwissenschaften. Nachdem die seit Anfang des 3. Jh. berühmte Schule von Alexandria, in der der Neuplatonismus durch Plotin (gest. 270 n. Chr.) stark vertreten war, ihre große Bedeutung verloren hatte, übernahmen andere Schulen im Orient ihre Rolle. So wanderten die Gelehrten von Alexandria nach Antiochia und u. a. nach Ḥarrān, das in Mesopotamien lag. Von da aus wurden einige ihrer nachfolgenden Vertreter nach Bagdad gerufen, um unter den mächtigen Abbasiden-Kalifen die Wissenschaften zu vermitteln. Sie waren durch ihre christliche Religion und vor allem durch die Beherrschung der griechischen Sprache besonders befähigt, solche Aufgaben zu übernehmen. Ibn Bukhtischū' (Bokhtischō', 8. Jh.), der einer christlich-syrischen Ärztefamilie entstammte, leistete dem Auftrag des zweiten Abbasiden-Kalifen, Abū Dscha'far al-Manṣūr, Folge und übernahm die Führung einer neugegründeten medizinischen Schule in Bagdad. Mit al-Ma'mūn, Sohn des Hārūn ar-Raschīd, erreichte diese Entwicklung einen Höhepunkt, denn dieser aufgeklärte Kalif, der sich u. a. mit Philosophie beschäftigte, gründete eine Übersetzerschule, die alles, was dem Islam dienlich sein konnte, übersetzen sollte. Auf diese Weise entstand die Akademie Bait al-ḥikma, d. h. Haus der Weisheit, wobei hier der griechische Einfluß von Sophia (Weisheit) deutlich wird. Eine Anzahl berühmter Gelehrter, die sich auf medizinischem und naturwissenschaftlichem Gebiet einen Namen gemacht hatten, folgten in der Leitung dieser Schule aufeinander. Der Kalif schickte Boten auf die Suche nach wertvollen Büchern in alle Teile Persiens, Indiens und vor allem nach Byzanz.

Die Bücher, zum Teil sehr teuer bezahlt, wurden in den meisten Fällen zunächst in das Syrisch-Aramäische, darauf in das Arabische übersetzt, vor allem unter dem genialen Gelehrten Ḥunain Ibn Isḥāk (= Johannes Sohn des Isaak), der schon im Alter von 18 Jahren einer der wichtigsten Übersetzer dieser Bagdader Schule war. Er wurde 810 in Ḥīra geboren und starb 873 in Bagdad. Mit einem Pharmakologen als Vater lernte Ibn Isḥāk arabisch in Baṣra, persisch und griechisch auf Reisen in die entsprechenden Länder. Er stand im Dienste mehrerer Kalifen in Bagdad, auch als Arzt. Er gilt als einer der bedeutendsten Übersetzer griechischer Philosophie und Naturwissenschaften, insbesondere von Hippokrates und Galen. Er entwarf die ersten systematischen Übersetzungsregeln. In vielen Fällen übersetzte er zunächst in das Syrisch-Aramäische und von da aus ins Arabische. Sein ebenso berühmter Sohn wuchs in arabischer Umgebung auf und konnte somit unmittelbar ins Arabische übersetzen und die Arbeiten seines Vaters korrigieren; er starb im Jahre 910. Viele Namen großer Gelehrter wären hier zu erwähnen, die die größte Bereicherung der arabischen Kultur durch Übernahme des griechischen Gedankenguts ermöglichten.

Bei ihrem Bestreben, sich die hellenistische Welterfahrung zu eigen zu machen, haben sich die Araber, wie bereits gesagt, nur für einige Zweige der Wissenschaften interessiert. Von den Naturwissenschaften wie Medizin, Mathematik, Alchimie, Pharmakologie und Astronomie waren sie fasziniert, aber auch von der Philosophie. Die Naturwissenschaften waren von persönlicher und allgemeiner Bedeutung: persönlich, da die Gelehrten im Dienste der Mächtigen standen, Kalifen oder Fürsten, und an den Höfen als Leibärzte fungierten; allgemein, weil sie den Heeren (zur Stärkung des Reiches) und der Bevölkerung zugute kamen. Man darf nicht vergessen, daß die zahlreichen Fürstentümer, die vom 9. Jh. an im islamischen Reich entstanden, nicht nur militärisch oder politisch, sondern auch auf kulturellem Gebiet mit der Hauptstadt weitteiferten, so daß die Lockerung ihrer Beziehungen zu Bagdad zur Folge hatte, daß sie in den Mauern ihrer Paläste möglichst viele bekannte Gelehrte haben wollten, was zu einer raschen Verbreitung sowohl der Naturwissenschaften als auch der Philosophie führte. Es entstanden neue Lehrinstitutionen im Irak, in Syrien, in Persien und in Ägypten, wo die Fatimiden Kairo (al-Kāhira, die siegreiche Stadt) mit der Moschee und Lehranstalt al-Azhar 969 gründeten, und vor allem in al-Andalus in Spanien, wo die Nachkommen des dem Massaker an seiner Familie durch die Abbasiden entronnenen Omaijaden-Fürsten ʿAbd ar-Raḥmān ein neues Omaijadenreich gegründet hatten. Die jährlichen Pilgerfahrten zu den heiligen Stätten des Islam und andere wissenschaftliche und materielle Bedürfnisse brachten die Gelehrten immer mehr in Kontakt miteinander: Es wurde diskutiert, kommentiert, gelehrt, Kopien der Schriften wurden angefertigt und ausgetauscht. Auf diese Weise verbreiteten sich die neuen Wissenschaften in alle Teile des Kalifenreichs: Sie wurden nicht einfach von den Griechen übernommen, sondern von arabisch-islamischen Gelehrten kommentiert, die ihren Anteil an Wissen hinzufügten und sie somit zu einem hohen Entwicklungsstand führten. So wurden z. B. Hippokrates und Galen durch islamische Ärzte kommentiert und deren Wissen durch eigene Erfahrungen und Entdeckungen erweitert, bevor es an die Europäer weitergegeben wurde. Dasselbe galt für andere Wissenschaften wie Alchimie oder Pharmakologie, die bei den Arabern und Muslimen im Dienste der Medizin standen, oder für die Mathematik. Was die Philosophie angeht, so wurde ihr anfangs nicht die Aufmerksamkeit zuteil, die ihr wegen der großen Bedeutung der klassischen Philosophie gebührt hätte. Doch dauerte es nicht lange, bis die islamischen Gelehrten sie entdeckten – über die Naturwissenschaften, welche in ihren Rahmen eingebaut waren (Gott – Welt – Mensch – Körper usw.). Man erlebte also nicht nur ein zunehmendes Interesse für die Philosophie, sondern darüber hinaus auch für die geistlichen Wissenschaften.

Die großen Meister der klassischen Zeit wurden zum Gegenstand intensiven Studiums: Sokrates, Platon und vor allem Aristoteles, dessen Bücher über Naturwissenschaften und Philosophie, vor allem die Logik, die islamischen Gelehrten ebenso faszinierten wie die Moral oder die Religion Platons. Von da an häuften sich die Versuche, diese beiden Philosophen miteinander zu verbinden und eine Versöhnung zwischen Theologie und Philosophie zu erreichen, welche bei den größten Vertretern des Rationalismus, wie z. B. Ibn Ruschd/Averroes (1126–1198), zugunsten der Philosophie ausfiel. Als erster im Islam unternahm diesen Versuch auf beeindruckende Weise al-Fārābī (870–950). Aristoteles wurde vor allem von den arabisch-islamischen Philosophen als ›erster Lehrer‹ bezeichnet: Seine Bücher, auch seine Zoologie in der Übersetzung des Yaḥyā Ibn al-Biṭrīk (gest. um 815), die das große Werk des Dschāḥīẓ (um 776–869) beeinflußte, haben zahlreiche Gelehrte beschäftigt und standen bei ihnen in hoher Gunst, die so keinem anderen griechischen Autor zuteil wurde. Sie übersetzten nicht nur seine eigenen Werke, sondern auch die Kommentare dazu, die von Berühmtheiten wie Alexander von Aphrodisias (2./3. Jh. n. Chr.) stammten.

Doch wurde ihnen das Gedankengut des Aristoteles nicht immer rein vermittelt: sie stießen auch auf verfälschtes aristotelisches Material, welches ihnen Autoren der Alexandrinischen Schule zur Verfügung stellten. Aus der Fülle der wichtigen islamischen Philosophen sei noch Avicenna/Ibn Sīnā (980–1037) erwähnt, der mit Averroes einen ungemein großen Einfluß auf die Philosophie des europäischen Mittelalters ausübte. Die gewonnenen naturwissenschaftlichen und philosophischen Erkenntnisse trieben die anderen islamischen Wissenschaften voran. So wurde z. B. aus der Geschichtsschreibung, welche durch geographische Untersuchungen unter dem Einfluß der Eroberungen immer mehr an Bedeutung gewann, eine moderne Geschichtsphilosophie; ihr bedeutendster Vertreter und Vater der modernen Historiographie schlechthin war Ibn Khaldūn (1332–1406), unter dessen Einfluß alle europäischen Geschichtsphilosophen des 17. und 18. Jh. standen (mehr darüber im nächsten Kapitel). Die vorislamische und koranische Zivilisation hatte also nach und nach das Erbe der antiken Welt, der Perser und vor allem der Griechen angetreten, machte es sich zu eigen, bildete eine Synthese daraus und führte es auf vielen Gebieten der Geistesgeschichte zu einem hohen Entwicklungsstand: eine ungeheure Bereicherung für die einfache beduinische Weltanschauung und zwangsläufig auch für die benötigten Ausdrucksmittel, d. h. für die Sprache, deren Studium in besonderer Weise blühte. Auf rein theologischem Gebiet war dieser Kontakt, vor allem mit den Griechen, von besonderer Tragweite, da die Ideologie des Islam, anfangs mehr politisch fundiert, nun das Instrument zum Argumentieren entdeckte, das ihr hauptsächlich die Logik des Aristoteles in die Hand gab. So wurden aus den politischen Sekten, die schon im 1. islamischen Jahrhundert/7. Jh. n. Chr. entstanden waren, philosophisch argumentierende.

Die Frage stellt sich nun, warum ein so großes Interesse für die griechische Kultur nicht alle Bereiche erfaßte, denn wir vermissen weitgehend die reine Literatur (von kleinen Ausnahmen abgesehen), Poesie wie Prosa, aber auch die Geschichtsschreibung. So besitzen wir in der Tat weder von der Ilias und der Odyssee noch vom Werk Herodots Übersetzungen. Dieser beklagenswerte Zustand veränderte sich viele Jahrhunderte nicht, bis ein ungewöhnlich vielseitiger libanesischer Gelehrter der

Neuzeit, Sulaimān al-Bustānī (1856–1925), zu Beginn unseres Jahrhunderts die Ilias zum ersten Mal in einer sehr gepflegten arabischen Übersetzung vorlegte. Wo lagen die Gründe, die die Muslime bis dahin davon abgehalten hatten, sich mit einer solch glanzvollen Dichtung zu beschäftigen? Es gab deren mehrere, auf die der erste arabische Übersetzer der Ilias einging:

1. Das Interesse der Kalifen war zweckgebunden, da sie die sogenannten nützlichen Wissenschaften, wie Medizin, Pharmakologie, Alchimie, Mathematik usw. benötigten. Durch sie entdeckten die Gelehrten auch die Philosophie, die sich bei der Verteidigung der religiösen und ethischen Vorstellungen des Islam als besonders nützlich erwies.
2. Der Monotheismus des Islam hatte die Araber um den einen Gott versammelt und sie zur Aufgabe aller altarabischen Götzen verpflichtet, an die sie durch eine sehr lange Tradition gebunden waren. Die Übersetzung der an Göttern reichen Dichtung des Homer hätte eine große Gefahr für den neu eingeführten Monotheismus bedeutet.
3. Die Stärke der arabischen Kultur war die Poesie, auf die die Araber von je her sehr stolz waren und die ein großes Ansehen bei ihnen genoß; sie waren der Meinung, daß es nichts Schöneres auf der Erde geben könnte als eben diese Dichtung. Wozu also eine fremde heranziehen?
4. Von Generation zu Generation hatte sich die Kenntnis des Griechischen und des Arabischen bei den Übersetzern der Kalifen zwar verbessert, jedoch waren sie keine echten Araber und somit nicht in der Lage, in der Sprache des Korans zu dichten. Sie wurden von den Arabern mehr als Gelehrte denn als Literaten betrachtet. Für die arabischen Gelehrten/Literaten war Griechisch eine schwierige Sprache. Sie beherrschten sie nicht, verstanden sie nicht einmal gut, so daß es unter ihnen keine Dichter gab, die der schwierigen Aufgabe einer Übersetzung gewachsen gewesen wären.

Zu diesen Gründen muß man aber anmerken, daß sich die Dinge wohl anders entwickelt hätten, wenn die glanzvolle Epoche der abbasidischen Herrscher länger angedauert hätte oder der Kalif al-Ma'mūn in einem späteren Jahrhundert an die Macht gekommen wäre. So blieb es also einem libanesischen Gelehrten vorbehalten, die Aufgabe der ersten und bis jetzt einzigen arabischen Übersetzung der Ilias zu übernehmen. Der

Weg für weitere Bearbeitungen auf den bis dahin verschlossenen Gebieten war somit geebnet.

Zusammenfassung Kapitel V

Die Geschichte der klassischen Renaissance im Islam ist eng verbunden mit der zweiten und vor allem der dritten Herrscherdynastie, den Abbasiden, die Bagdad gründeten und es zur Hauptstadt ihres Reiches auserkoren. Nach Übernahme des persischen Gedankenguts, das von großer Bedeutung für Staatsführung und Entwicklung der feinen Bildungsliteratur war, gründeten sie, um ihr Reich kulturell zu stärken, eine Akademie, genannt Bait al-ḥikma (Haus der Weisheit), an der mehr von den Griechen übernommen wurde, nämlich Naturwissenschaften und Philosophie. Auf diesem Gebiet hatte der Islam bis dahin wenig hervorgebracht; die Übersetzer waren syro-aramäische Christen, z. T. hoch angesehene Gelehrte. Überall in den übrigen islamischen Gegenden, vor allem in al-Andalus, Südspanien, wo ein Omaijaden-Reich entstand, in Kairo und an anderen Orten wurden Lehrinstitutionen gegründet: Es wurde diskutiert, kommentiert, Kopien der Schriften wurden angefertigt und ausgetauscht. Auf diese Weise verbreiteten sich die neuen Wissenschaften in alle Teile des Kalifenreiches, angereichert durch Kommentare und persönliche Erfahrung der islamischen Gelehrten, bevor das griechische Wissen an die Europäer weitergegeben wurde: die Medizin des Hippokrates und des Galen, die übrigen Wissenschaften wie Mathematik, Alchimie oder Pharmakologie, sowie die Philosophie des Platon und vor allem des Aristoteles.

VI. Kapitel: Die Bedeutung der islamischen Wissenschaften für das Abendland

1. Stätten des wissenschaftlichen Kontakts

In voraufgegangenen Kapiteln verfolgten wir die Entstehung einer Weltreligion und einer Zivilisation, die beide aus der Wüste hervorgegangen waren und auf vielen Gebieten der Geistesgeschichte revolutionierend wirkten. Die Kultur, welche unter der Omaijaden-Dynastie in Damaskus ihren Anfang genommen hatte, kam unter den Abbasiden in Bagdad und den Omaijaden in Spanien und im Maghreb voll zur Entfaltung und schwang sich zu einem wahren Höhenflug des Geistes auf. Diese Bewegung, klassische Renaissance des arabischen Islam genannt, deren Schrifttum in arabischer Sprache verfaßt war und somit dieser Sprache einen viel sakraleren Charakter verlieh, als dies der Fall für das Lateinische im europäischen Mittelalter war, weist geistige Errungenschaften auf, die das christliche Abendland nachhaltig prägten. Wie sah der Beitrag aus, den die islamische Kultur zur europäischen Renaissance leistete? In Europa erleben wir erst vom 13. Jh. an eine Renaissance, die es ermöglichte, die geistige Vormachtstellung in der Moderne zu erobern. Oben sahen wir aber, wie die islamische Zivilisation große Teile des Orients und des Okzidents beherrschte, denn die islamischen Gelehrten hinterließen die Spuren ihres Wirkens überall da, wo sie gelebt hatten, so auch in Spanien und in Sizilien.

Obwohl es vielfältige Berührungsebenen zwischen Gelehrten aus dem Orient und aus dem Abendland gab, blieben die berühmten Studienzentren als ideale Stätten des wissenschaftlichen Kontakts, wie Salerno und Neapel in Süditalien, Palermo in Sizilien und an allererster Stelle Toledo in Spanien, erhalten, an denen eine umfangreiche und bedeutende wissenschaftliche Bewegung und eine bis dahin ungekannte Übersetzungstätigkeit einsetzte, die vor allem von Alfons X., dem Weisen (reg. 1252–1284), gefördert wurde. In Spanien waren die ersten Übersetzungen aus dem Arabischen bereits in der Mitte des 10. Jh. entstanden: Es handelt sich nicht mehr um Marginalien dogmatisch-polemischer Art, sondern um Buchtexte, die eine arabische wissenschaftliche Quelle zusammenfaßten, ohne Autor oder Übersetzer anzugeben; z. B. läßt die Handschrift 225 des Klosters Santa Maria de Ripoll (heute im Archivo de la Corona de Aragon) das hohe kulturelle Niveau Katalaniens im 10. Jh. ermessen, das das Ergebnis der Einwanderung von Mozarabern – Christen aus den islamisch beherrschten Gebieten Spaniens – war. Der o. a. Text stellt somit den ältesten bekannten Beleg für den Einfluß der islamischen Kultur auf das Abendland dar, der bei der Herstellung der ersten spanischen Astrolabien sichtbar wurde; dasselbe gilt für den Quadranten, der zur Feststellung der Höhe der Sonne bei ihrem Durchgang durch den Meridian diente. In all diesen und anderen Werken trat das Übersetzen weit zurück und der islamische Einfluß setzte sich durch Kopien, Adaptionen und Neubearbeitungen fort. Die Lage änderte sich im 12. Jh., wo wir ein zunehmendes Interesse für den Islam feststellen, das vor allem durch den Abt von Cluny, Petrus Venerabilis (1092–1156), gepflegt wurde. Dieser Geistliche war der Initiator der islamischen Studien in Europa: Er ließ als erster den Koran 1142–43 und weitere Werke über den Islam ins Lateinische übersetzen, die unter dem Corpus Toletanum oder der Collectio Toletana bekannt waren und in der durch Don Raimundo von Toledo gegründeten Übersetzungsschule dieser Stadt erschienen. Selbstverständlich waren diese ersten Übersetzungen und Bearbeitungen nur ein Anfang, was den Koran anbetrifft (die Übertragung stammte aus der Feder Roberts von Ketton), auch voller Fehler; sie halfen aber weiter – auch dem Kardinal Nikolaus von Kues bei der Abfassung seiner Cribratio Alkorani. Bis zum Jahr 1698 mußte man warten, bis eine weit bessere Übersetzung des Korans durch Ludovico Marraci die erste in Vergessenheit geraten ließ.

Die Anonymität von Übersetzern, die die der Autoren mit sich brachte, verschwand weitgehend vom 12. Jh. an. Die Übersetzer arbeiteten nicht nur in Toledo, sondern auch in anderen Städten Spaniens, wie Barcelona und Tarazona, wobei nicht nur ins Lateinische übertragen wurde, sondern auch ins Hebräische, so daß das übersetzte Material in Kathedralen und Synagogen gebracht und von da aus in andere Teile Europas verbreitet wurde. Don Raimundo, Erzbischof von Toledo 1125–1152, ist hervorzuheben, da er als Gründer der sogenannten Übersetzerschule von Toledo gilt, in der sich vor allem Gerhard von Cremona (1114–1187) einen besonderen Namen machte. Indem solche Übersetzer aus arabischen Quellen übertrugen, haben sie in Europa die Autoren des klassischen Altertums bekannt gemacht – lange vor der direkten Übernahme aus griechischen Versionen, die mindestens zum Teil in der Qualität hinter der der arabischen Versionen zurücktreten, weil letztere aus besseren Vorlagen übersetzt wurden.

2. Die arabische Kommentierung des Aristoteles

Das erste, was den Okzident in der Zeit des Erwachens seiner geistigen Kräfte im 12. und 13. Jh. besonders interessierte, waren die arabischen Kommentare zur Philosophie des Aristoteles (384–322 v. Chr.). Hier sind im besonderen drei Namen anzuführen: al-Fārābī (870–950), Avicenna/Ibn Sīnā (980–1037) und Averroes / Ibn Ruschd (1126–1198). Die Werke dieser Philosophen waren im europäischen Mittelalter Mittelpunkt der Arbeiten der Scholastik, einer Schule, die zu einem erheblichen Teil aus der Tradition des von den Arabern überlieferten Aristotelismus erwuchs. Dieser Terminus bezeichnet die verschiedenen Formen der Rezeption des philosophischen Systems des altgriechischen Meisters oder einzelner Elemente seiner Philosophie. Was die islamischen Gelehrten unternommen hatten, blieb für das europäische Mittelalter maßgebend, insbesondere der berühmte Averroes, der aus dem Westen, aus dem Omaijadenreich in Cordoba stammte. Er erstellte den bedeutendsten Aristoteles-Kommentar des Islam. Für ihn galt die Philosophie des griechischen Meisters als eine nicht mehr zu überbietende Leistung; er vertrat sogar die Auffassung, daß man sich nach Aristoteles nur noch um das Verständnis und die Auslegung des Philosophen bemühen könne. So ermöglichte es der Islam, daß den Europäern der Aristotelismus verdeutlicht wurde: Neben dem ersten Lehrer Aristoteles gab es im Mittelalter einen zweiten, Averroes, der durch seine Kommentare zu einer zweiten Autorität wurde. Andere Namen wären hier noch zu erwähnen, jedoch erlaubt der Rahmen dieser Arbeit keine solche Ausführlichkeit.

3. Medizin und Naturwissenschaften

Neben der Philosophie war vor allem die Rezeption der Naturwissenschaften von höchster Bedeutung für das europäische Mittelalter. Ihren Höhepunkt erlebten die Naturwissenschaften im Islam ohne Zweifel in der Medizin, welche eine erstrangige Rolle spielte und deren Vertreter, die Ärzte, ein unantastbares Ansehen bei den Machthabern genossen. Daher wurden Leben und wissenschaftliche Laufbahn der Ärzte zusammengestellt und in Büchern niedergelegt. Diese Bücher, unter denen sich umfangreiche medizinische Untersuchungen befanden, waren bald in Europa in Umlauf, so daß Berühmtheiten wie ar-Rāzī (gest. 925), der Razes des europäischen Mittelalters, und vor allem der o. a. Avicenna/Ibn Sīnā genau so bekannt waren wie im Orient. Bis dahin war die Medizin in Europa wenig entwickelt geblieben. So wurde z. B. Avicennas medizinisches Hauptwerk Kānūn aṭ-ṭibb ›Kanon der Medizin‹ (meist unter dem Titel ›Kanon des Avicenna‹ bekannt) zum Handbuch der Medizin überhaupt und blieb Jahrhunderte hindurch in Lehre und Praxis unbestrittene Autorität an den medizinischen Fakultäten. Der Kanon war im 12. Jh. durch den o. a. Gerhard von Cremona ins Latein übertragen worden. Darin findet sich die Lehre des griechischen Arztes Galen, die Avicenna verständlich, aber meisterhaft darstellte und kommentierte. Dasselbe taten andere arabisch-islamische Ärzte und verbanden wie er Theorie und Praxis in ihren Abhandlungen. Indem sie laufend bekräftigten, daß sie den von den griechischen Meistern eingeschlagenen Weg weiterverfolgten, gewannen sie das Vertrauen der Europäer, die auf der Suche nach der antiken Welt waren. Nicht nur in der Theorie, sondern auch in der Praxis konnten die Europäer von den Arabern lernen, denn deren Krankenhäuser z. B., in denen sie die Organisation von den Persern übernommen hatten, blieben Vorbild für viele Jahrhunderte. Diese Spitäler waren zunächst in Bagdad entstanden, dann in allen großen Zentren des Reiches oder der islamischen Reiche in Ost und West. Man gibt sogar an, daß Cordoba in al-Andalus im 10. Jh. mehr Krankenhäuser besaß als die Hauptstadt der Abbasiden, Bagdad, da es dort an die 50 gab. Diese Krankenhäuser wurden in den schönsten Lagen der Städte erbaut und waren mit kaltem und warmem Wasser für ihre Bäder versorgt. Sie waren kostenlos und gut geführt; Beratungen und Diskussionen fanden zwischen dem Leiter der Anstalt und den übrigen Kollegen, Mitarbeitern und Schülern statt, bei denen alle Probleme der Kranken, ihre Medikamente und die wissenschaftlichen Gesichtspunkte der Behandlung besprochen wurden. Gesundheit und Hygiene lagen den islamischen Ärzten sehr am Herzen. Es ist falsch zu behaupten, daß Gymnastik und Leibeserziehung eine Erfindung unserer modernen Zeit seien. Schon Avicenna behandelte in seinem Kanon gymnastische Übungen, die er als Belebung des Atems darstellte, sie waren wesentlicher Bestandteil der Behandlung unter der Bedingung, daß sie unter Kontrolle eines Arztes und in angemessener Form ausgeführt wurden. Der Kanon spricht auch vom wohltuenden Einfluß von Bädern, den warmen und kalten für gesunde Menschen, und von der Wirkung von Wechselbädern. Selbst die Naturmedizin fand ihren Platz, wie man bei dem Historiker Ibn Khaldūn sehen wird (s. u.).

Die Araber waren bedeutende Chirurgen. Sie hielten eine Operation nur für notwendig, wenn Medikamente keine Besserung bringen konnten; dies galt z. B. für Nierenkrankheiten und dergleichen. Anatomische Experimente am Menschen wurden aus religiösen Motiven heraus nicht durchgeführt. Die Araber gingen über die Griechen hinaus, indem sie Leichname und vor allem Skelette beobachteten und somit Galen und seine Nachfolger, die ihre Erfahrungen an Tieren gesammelt zu haben scheinen, in mancher Hinsicht korrigieren und ergänzen konnten.

Die Pharmakologie wurde als Wissenschaft anerkannt und diente der Medizin; es entstanden pharmakologische Laboratorien und die ersten Apotheken, in denen Medikamente zum Verkauf gelangten.

Die Alchimie bringt den Anteil der Erneuerung der Wissenschaften durch die Araber besonders zum Ausdruck. Bis zu diesem Zeitpunkt hatte man sich mit ihr unter dem Einfluß der griechischen Philosophie beschäftigt. Sie beruhte folglich auf dem Prinzip, daß die Mineralien wie der Mensch Lebewesen seien, die geboren werden, leben und sterben, daß sie entwicklungsfähig seien, so daß man z. B. ein Mineral wie Blei in kostbares Gold verwandeln könne. Man verdankt den Arabern, daß diese Ansicht zum ersten Mal zurückgewiesen wurde. Der Alchimist Dschābir Ibn Ḥaiyān erkannte schon im 2. islamischen Jahrhundert/8. Jh. n. Chr. die Bedeutung der experimentellen Alchimie und baute sich ein Laboratorium. Seine und der späteren Alchimisten Methoden und Bücher blieben bis zum 18. Jh. für die Europäer maßgebend.

In der Astronomie gingen die Araber mit großem Erfolg neue Wege. Am bekanntesten war al-Battānī (vor 859–929), in Europa als Albatenius bekannt. Dieser irakische Astronom stellte schon um 877 astronomische Beobachtungen an und ergänzte und korrigierte seine Vorgänger. Er war der bedeutendste Astronom des Islam im Mittelalter. Er bestimmte mit bis dahin unerreichter Genauigkeit die Grundlagen der Astronomie des Ptolemäus (um 100 – um 180 n. Chr.) neu, z. B. Schiefe der Ekliptik, Präzision, Elemente der Planetenbahnen oder Jahresgänge. Er führte genaue Beobachtungen von Finsternissen durch, entdeckte die Drehung der Apsidenlinie der Sonne (eigentlich Erde) und entwickelte die sphärische Trigonometrie weiter. Sein an Ptolemäus orientiertes ›Astronomisches Handbuch nebst Tafeln‹ wurde im 11. und 12. Jh. ins Lateinische übersetzt und rief in ganz Europa große Bewunderung hervor. Erstaunlich bleiben die Beobachtungsinstrumente, mit denen er gearbeitet hat, und die große Genauigkeit, zu der er gelangte. Einen weiteren Beitrag für die Astronomie leistete al-Bīrūnī (973–1057), der in Persien, Indien und schließlich in Afghanistan mit anderen Gelehrten zusammen in der Residenz des Sultans lebte. Vor Kopernikus hatte bereits dieser Gelehrte die Ansicht des Ptolemäus, daß die Sonne um die Erde kreise, in Zweifel gezogen. Bahnbrechend für das europäische Mittelalter war auch Ibn al-Haitham (965–1041). Er war der erste, der lehrte, daß Himmelskörper, auch Sterne, ein eigenes Licht ausstrahlen, mit Ausnahme des Mondes, welcher sein Licht von der Sonne empfängt. Diese Entdeckung war der Schlüssel zu einer weitaus wichtigeren: Die Griechen (und zwar Euklid und Ptolemäus) hatten nämlich die Behauptung aufgestellt, daß das Auge Strahlen zu den Dingen sende, die es wahrnimmt. Ibn al-Haitham bewies gerade das Gegenteil und seinen Theorien über die Wahrnehmung des Lichtes und der Umwelt gehörte die Zukunft.

4. Die arabische Mathematik

Aus der Fülle der wissenschaftlichen Erkenntnisse, die die Araber zur Verfügung stellten, sind noch die Arithmetik und Mathematik zu erwähnen. Zunächst die arabischen Ziffern: Sie ersetzten die komplizierten römischen Zahlen und erleichterten so die Arbeit der Mathematiker. Eine besondere Leistung stellte die Erfindung der Ziffer Null dar, da durch sie die Ziffern einen arithmetischen Wert bekamen. Die Araber behaupteten nie, die eigentlichen Erfinder dieser Zahlen gewesen zu sein, ganz im Gegenteil: Sie selbst nennen sie indische Zahlen. Zahlreich sind die Geschichtsschreiber im Islam, die auf das äußerst hohe kulturelle Niveau Indiens hingewiesen haben. Al-Khārizmī (um 780–um 846 n. Chr.) etwa brachte in seinen Büchern seine Bewunderung für den indischen Geist zum Ausdruck. Dieser Mathematiker, der am Hofe des Kalifen al-Ma'mūn wirkte, war der Verfasser der ältesten systematischen Lehrbücher über die Gleichungslehre, über das Rechnen mit indischen Ziffern und über die jüdische Zeitrechnung, über Algebra und Algorithmus (= methodisches Rechenverfahren, s. weiter unten). Er schrieb ferner das erste astronomische und trigonometrische Tafelwerk der Araber, sowie u. a. eine Schrift über das Quadrivium, im mittelalterlichen Universitätsunterricht eine Bezeichnung für die vier höheren Fächer Arithmetik, Geometrie, Astronomie und Musik (als Gegenstücke zum Trivium, das die drei unteren Fächer Grammatik, Rhetorik und Didaktik bezeichnete). Seine beiden Lehrbücher über die Gleichungslehre verfaßte al-Khārizmī auf Wunsch des Kalifen, damit durch die Übernahme der neuen Zahlen die Geschäfte in seinem Reich leichter abzuwikkeln waren. Der Gelehrte erklärt in seinen Arbeiten, wie es sich mit den einzelnen und den addierten Zahlen verhält. Von der Null, die durch einen kleinen Kreis bezeichnet wurde, und auf arabisch, ›ṣifr‹ d. h. ›Leere‹ heißt, übernahmen die europäischen Sprachen das Wort cifra, chiffre, Ziffer. Vom 11. Jahrhundert an waren die Werke des al-Khārizmī in Europa bekannt und damit auch die arabischen Zahlen. Noch ein Wort zu den Titeln der Lehrbücher über die Gleichungslehre: Das Buch über die Algebra lautet auf arabisch ›al-Dschabr wa-l-mukābala‹, d. h. die Einrenkung, die Wiederherstellung gebrochener Teile, der normalen Gleichungsform. Algebra war also der arabische

Werktitel ›al- Dschabr‹. Das zweite Lehrbuch handelt über den Algorithmus; dieses Wort wurde in Anlehnung an das griechische arithmos (Zahl) aus dem Namen des Mathematikers al-Khārizmī entstellt. Der genaue arabische Titel wurde nicht übernommen, das Original ging verloren; nur die lateinische Übersetzung ist überkommen unter dem Titel ›Algorithmi de numero Indorum‹ (Buch des al-Khārizmī über die Zahl der Inder).

In der Trigonometrie beschrieben arabische Wissenschaftler, was die Griechen nicht gewußt oder wovon sie kaum eine Ahnung hatten: Begriffe, die uns heute alltäglich erscheinen, verdanken wir arabischen Wissenschaftlern, wie den durch sie entdeckten Sinus und Kosinus oder die Tangente. Sie schufen dadurch die Voraussetzungen für die Vervollständigung der Vermessungswissenschaften Astronomie, Nautik und Landvermessung. Die Arbeiten auf dem Gebiet der Trigonometrie erreichten ihren Höhepunkt unter dem Mathematiker aṭ-Ṭūsī (1201–1274); sein mehrbändiges Werk faßt im ersten Band das Wissen der Griechen zusammen, im zweiten werden die Ansichten des Ptolemäus im besonderen korrigiert und durch eigene Entdeckungen ergänzt; diese gipfelten in der Sinusfrage und ähnlichen neuen trigonometrischen Vorstellungen. Das äußerst wichtige Buch kam leider erst spät in die Hände der Europäer, so daß sie sich Jahrhunderte lang mit dem Wissen seiner Vorgänger begnügten.

Anhand der ausgewählten Beispiele kann man erkennen, daß es den Arabern gelang, den Europäern die antiken Wissenschaften zu vermitteln – häufig korrigiert und durch großartige neue Entdeckungen ergänzt. Ihre wichtigste Leistung bestand ohne Zweifel in der Koppelung von ererbtem theoretischen und durch eigene Erfahrung erprobtem Wissen: Ihre Texte belegen dies eindeutig. Ihr Prinzip des Experimentierens, der Laboratorien wird in Europa bei der Entwicklung der modernen Welt die Hauptrolle spielen. Die Fundamente standen bereits im arabischen Mittelalter, durch die Araber errichtet. Ohne ihre Vorleistungen wären ein Leonardo da Vinci oder ein Galilei nicht denkbar, welche das Experiment zum unumstrittenen Ausgangspunkt moderner naturwissenschaftlicher Forschung erhoben.

5. Geschichtsschreibung: Ibn Khaldūn

Von den Geisteswissenschaften wurde bis jetzt absichtlich nur die Philosophie erwähnt, weil sie bei den Griechen die Naturwissenschaften einschloß. Mit den Arabern trennten sich viele Zweige gänzlich von ihr ab, z. B. die Alchimie, oder ihre Bindungen lockerten sich. Zum Los der übrigen griechischen literarischen Wissenschaften beim allgemeinen Prozeß der Rezeption der altgriechischen Kultur, vor allem zur Ilias, s. voraufgehendes Kapitel. Die Geschichtsschreibung verdient einige abschließende Erörterungen. Es ist bekannt, daß die älteste Beschreibung Südeuropas und die ältesten Karten vieler Teile des alten Kontinents von arabischen Gelehrten stammen. Über Entstehung und Entwicklung der frühislamischen Geschichte wurde bereits berichtet (s. Kapitel IV). Diese hatte sich vom 2. islamischen Jahrhundert/8. Jh. n. Chr. an langsam zu einem äußerst verdienstvollen Zweig der islamischen Wissenschaften entwikkelt, bis sie ihren Höhepunkt im 14. Jh. n. Chr. mit dem wahrscheinlich kreativsten Gelehrten des Islam, Ibn Khaldūn, erreichte und zur Geschichtsphilosophie und Soziologie wurde. Ibn Khaldūn wurde in Tunis 1332 geboren und starb in Kairo 1406. Er entstammte einer andalusischen Familie. Sein überaus großes Ansehen gewann er durch sein Buch über die Weltgeschichte, besonders durch die Einleitung dazu, welche den ersten Band des siebenbändigen Werkes darstellt. Diese Einleitung (arabisch Mukaddima) gibt ein lebendiges Bild des gesellschaftlichen Lebens in den verschiedenen Milieus, in denen sich der Mensch befinden kann, vornehmlich in der Epoche, in der der Autor selbst lebte. Hier versuchte ein Historiker zum ersten Male wissenschaftlich zu denken und die Geschichte im Lichte neuer Erkenntnisse zu sehen und zu verstehen. Die Autoren vor ihm hatten sich damit begnügt, Namen und Ereignisse einfach anzuführen, meist nach der Methode der islamischen Tradition. Ibn Khaldūn erhob das Ganze zu historischen Gesetzen, welche die Geschichte regieren: Daher konnte er sich nicht auf das Erzählen beschränken; er wollte verstehen und begründen und folglich allen gesellschaftlichen Erscheinungen das Maß an Bedeutung zuteilen, das sie verdienten. Er unternahm den Versuch einer kritischen Stellungnahme zur Geschichte überhaupt, und dies stellte eine Revolution gegenüber seinen Vorgängern dar.

Zum ersten Mal wurde Geschichte modern definiert, was die späteren europäischen Jahrhunderte wiederholen werden, nämlich: Geschichte ist die Berichterstattung der Wahrheit und deren Auslegung. Seine ausführliche Definition erscheint sechs Jahrhunderte später bei Emile Durkheim (1858–1917) in dessen Buch ›Règles de la méthode sociologique‹ (1895). Ibn Khaldūn war an erster Stelle bemüht, den Anfang und die Entwicklung der Zivilisationen zu verfolgen, indem er zu verstehen versuchte, wie Menschen vom Zustand der Primitivität (dem des Nomadentums etwa) zu einem organisierten und zivilisierten Staatsgebilde gelangen konnten. Die Schwächen seiner Betrachtungsweise liegen oft darin, daß er dem islamischen Gesetz nicht widersprechen wollte, obwohl er sehr rationalistisch geprägt war. Unter vielen wichtigen Gedankengängen sei hier der folgende erwähnt, nämlich der Einfluß des Klimas und der geographischen Lage auf den Charakter und die Gestaltung der Lebensweise. Seine Ansichten bringen ihn in Verbindung zu modernen Historikern wie etwa Montesquieu (1689–1755). Viele Autoren im Paris des 17. und 18. Jh. hatten Kontakte zu den Orientalisten, die sie über die islamischen Autoren informierten, was zahlreiche Arbeiten vor allem in französischer Sprache deutlich machen. Andere Autoren wie Voltaire (1694–1778) oder Rousseau (1712–1778) wiederholten ebenfalls einige seiner Theorien. So wurden viele Ideen der islamischen Geschichtsphilosophie des Ibn Khaldūn, die bis dahin nur in Frankreich bekannt gewesen waren, von anderen Europäern übernommen, und zwar ohne zu wissen, daß ihr Ursprung nicht in Frankreich lag.

Ibn Khaldūn war durch seine faszinierende historische Beobachtungsgabe ein Universalgelehrter, der durch sein Interesse für alle Lebensverhältnisse, materielle wie geistige, im Mittelpunkt der wissenschaftlichen Aufmerksamkeit der Fachgelehrten stand, da er ihnen Untersuchungen auf den verschiedenartigsten Gebieten ermöglichte und noch ermöglicht: Geschichte, Philosophie, Soziologie, politische und religiöse Wissenschaften, Linguistik und Medizin, die bei ihm zu den städtischen Berufen, als ṣinā'a (Fertigkeit) bezeichnet, zählen. Eine Fülle von ihnen analysiert er, um ihre Verbreitung bei den menschlichen Ansammlungen zu beschreiben und zu begründen. Selbst auf dem Gebiet der Naturmedizin gilt Ibn Khaldūn als Vorreiter: Seine Begabung lag hier darin, daß er als Soziologe und

Geschichtsphilosoph die medizinische Tätigkeit betrachtet, der er einen Platz unter den Berufen einräumt, die im städtischen Leben notwendig sind. Seine Beobachtungen zur Häufigkeit von Krankheiten bei Seßhaften und Städtern sind erstaunlich. Als Krankheitsursachen führt er u. a. an: die ›Üppigkeit ihrer Lebensweise, viel Essen und wenig Beschränkung auf eine einzige Speise, sowie die Nichtbeachtung von geregelten Essenszeiten‹, dazu die Häufung von Nahrungen ohne homogenen Verdauungszustand sowie die schlechte Luft und den Mangel an körperlicher Ertüchtigung. Dieses Hervorheben der Bedeutung von Nahrung, der Suche nach Nahrung, sowie der negativen Erscheinungsformen bei Gesundheit und Krankheit der Seßhaften verleihen seinen knappen Äußerungen über die Medizin Originalität und Aktualität.

Zusammenfassung Kapitel VI

Die Kultur des Islam kam vor allem unter den Abbasiden in Bagdad und den Omaijaden in Spanien voll zur Entfaltung und weist große geistige Errungenschaften auf, die das christliche Abendland nachhaltig prägten. In Süditalien und in Spanien waren die idealen Stätten des wissenschaftlichen Kontakts, an denen eine umfangreiche und bedeutende wissenschaftliche Bewegung und eine bis dahin ungekannte Übersetzungstätigkeit einsetzten. Die Lage änderte sich im 12. Jh., als das Interesse für den Islam vor allem durch den Abt von Cluny, Petrus Venerabilis, gepflegt wurde. Mit den Übersetzerschulen, v. a. in Toledo, wuchs das Interesse für die islamische Kultur immer mehr, an erster Stelle für die arabischen Kommentare zur Philosophie des Aristoteles, die besonders Averroes/Ibn Ruschd auf meisterhafte Weise leistete.
Von höchster Bedeutung für das europäische Mittelalter war neben der Philosophie die Rezeption der Naturwissenschaften. Diese erlebten ihren Höhepunkt ohne Zweifel in der Medizin, welche eine erstrangige Rolle spielte. So waren berühmte islamische medizinische Werke, vor allem die von Avicenna/Ibn Sīnā, in Europa genau so gut wie im Orient bekannt und in Lehre und Praxis unbestrittene Autorität in den medizinischen Fakultäten. In der Pharmakologie, der Alchimie wie in der Astronomie gingen die Araber mit großem Erfolg neue Wege, auch in der Arithmetik und Mathematik, wo man ihnen die sogenannten arabischen Ziffern und

manche Begriffe schuldet. Auf dem Gebiet der Geisteswissenschaften sind die Geschichtsphilosophie und Soziologie des wahrscheinlich kreativsten Gelehrten des Islam, Ibn Khaldūn, zu nennen, welcher die Geschichte in einem riesigen Werk modern definierte, eine kritische Analyse der historischen Entwicklung durchführte und Generationen von europäischen Gelehrten, v. a. in Frankreich, nachhaltig beeinflußte.

VII. Kapitel: Politische und kulturelle Dekadenz

Nach bewundenswerter Entfaltung erlebte die arabisch geprägte islamische Kultur bald einen deutlichen Niedergang. Dem ging die politische Schwächung voraus und beschleunigte diesen Verfall.

Bereits vom 3. islamischen Jahrhundert/9. Jh. n. Chr. an, wurde das abbasidische Reich in einzelne Machtregionen zerstückelt und durch den Aufstieg fremder Offiziere, vor allem aus den Turkgebieten, zur langsamen Auflösung getrieben. Als Bagdad im Jahre 1258 n. Chr. in die Hände der Mongolen fiel, brach auch die wissenschaftliche Kraft dieses politisch-geistigen Zentrums zusammen. Die Eroberer zeigten kein Verständnis für die Kultur der Araber und verwüsteten die Gebiete, so daß auch die Kulturzentren vernichtet wurden und die noch vorhandenen Gelehrten ihre Freiheit verloren. Generationen grausamer Herrscher sorgten dafür, daß die arabische Prägung in der islamischen Kultur immer schwächer wurde, wobei die arabische Sprache durch die heterogenen Machtelemente, vor allem in den Armeen, an Glanz und Reinheit immer mehr verlor und nur noch in wenigen Kreisen Verwendung fand.

Die großen außerhalb des Irak entstandenen, arabisch geprägten Zentren verliehen zwar der sich abschwächenden großen Renaissance noch eine Zeit lang einigen Glanz, jedoch wurden auch dort die negativen Anzeichen des Zerfalls und der radikalen politischen und kulturellen Umwälzungen deutlich. In Ägypten herrschte die Dynastie der Ṭūlūniden (868–905), durch einen türkischen Soldaten, Ahmad Ibn Ṭūlūn (reg. 868–884) gegründet. Sie dehnten ihren Machtbereich auch über Syrien aus und wurden als erste im Lande der Pharaonen von Bagdad unabhängig. Auch die nachfolgenden Ikhschididen (935–969) stammten von einer türkischen Soldaten-Familie ab. Einer ihrer Fürsten, Kāfūr (ab 961 Regent; allein regierend 966–968) empfing an seinem Hofe in Fusṭāṭ (= Altkairo) den großen Abbasiden-Dichter al-Mutanabbī (915–965); dieser verließ den Hof jedoch im Zorn und widmete dem Fürsten eine der schönsten Satiren der klassisch-arabischen Poesie. Die glanzvollste Zeit war sicherlich die der Fāṭimiden-Kalifen (909–

1171), welche ihren Namen auf Fāṭima, Tochter des Propheten Mohammed, zurückführten und in Nordafrika ihr Reich gründeten. Mit Hilfe ihres berühmten Generals Dschauhar (gest. 992) eroberten sie die alte Hauptstadt Fusṭāṭ im Jahre 969 und gründeten eine neue, die sie al-Kāhira (die Siegreiche, daher Kairo) nannten. Hier errichteten sie eine Moschee mit Lehrakademie (al-Azhar) und eine Palast-Bibliothek, die zu den schönsten und an Zahl der Bücher reichsten der islamischen Welt gehörte. Unter der langen Regierungszeit von al-Muṣtansir (1036–1094) erreichte ihre Macht den Höhepunkt. Sie wurden 1171 durch die Ayyūbiden entmachtet, die von dem Sieger über die Kreuzfahrer, Saladin (reg. 1169–1193) angeführt wurden. Den Ayyūbiden, die bis 1252 im Lande blieben, folgten die Mameluken, genannt Baḥriyyūn (Seemameluken, 1250–1389) und Burdschiyyūn (Zitadellenmameluken, 1382–1517), die ihrerseits von den Osmanen bei der Eroberung Kairos 1517 abgelöst wurden. In der Zeitspanne seit der Gründung Kairos durch die Fāṭimiden erlebte Ägypten durch die Azhar-Lehranstalt eine besonders ruhmreiche kulturelle Epoche, die vor allem durch zahlreiche und ausgesuchte Bücher der Palast-Bibliothek an die glanzvolle Zeit von Bagdad erinnert.

Unter den Fāṭimiden, die einen besonderen schiitischen Zweig im Islam vertraten, entstand die Sekte der extremistisch geprägten ismaelitischen Drusen, welche sich von den Siebener Schiiten unter dem Fāṭimidenkalifen al-Ḥākim (985–1021) abspalteten und deren Lehre durch zwei Anhänger dieses Kalifen, Ḥamza und Darrazī (daher die Bezeichnung Drusen als Anhänger dieses letzteren), verbreitet wurde. Die beiden wurden nach Syrien entsandt und Ḥamza gelangte bis nach Aleppo in Nordsyrien, nachdem er seinen Gefährten ermordet hatte. Diese streng esoterische Sekte verzichtete, um Streitigkeiten und Spaltungen auszuschließen, auf Neubekehrungen und schloß sich völlig ab. Hinzu kam ein absolutes Dogmengeheimnis. Vom Ende des 10. Jh. an sammelten sich die Drusen, von Nordsyrien kommend, im Zentrum des Libanon-Gebirges, wo sie auch heute noch ihre Siedlungsgebiete haben. Infolge von internen Rivalitäten, aber auch von Kämpfen mit anderen libanesischen Emiren, vor allem aber nach ihren Massakern an den Christen im Jahre 1860, wanderte ein Teil von ihnen aus und vereinigte sich mit Glaubensgenossen, die früher von Aleppo nach Süden gezogen waren – in die Berge des Ḥaurān (Südsyrien), welche nach ihnen benannt wurden: Dschabal ad-Durūz (Berg der Drusen), seit einigen Jahren allerdings: Dschabal al-ʿArab (Berg der Araber). Die Hälfte der Drusen lebt heute dort. Im Libanon spielen sie immer noch eine bedeutende Rolle unter den religiösen Gemeinschaften (dazu s. Kapitel VIII).

Die von den Fāṭimiden getragene Kultur, die sich auf die extremistische Ideologie der Schia stützte, wurde durch die Ayyūbiden zerschlagen, wobei sehr kostbare Bücher verschleppt, teilweise beschädigt (um sie billiger erwerben zu können) oder gar ins Nilwasser geworfen wurden. So kehrte das Land zur Sunna zurück, die bis zum heutigen Tage die stärkste religiöse Richtung in Ägypten ist.

Im arabisch-islamischen Zentrum al-Andalus war das arabische Element zwar dominierend, erlebte aber ähnlich gelagerte Machtzerwürfnisse. Das von ʿAbd ar-Raḥmān I. (756– 788), der dem Massaker der Abbasiden an den Mitgliedern seiner Familie entkommen war, mit Hilfe der proomajadischen Anhänger im Maghreb gegründete Omaijaden-Emirat wurde unter ʿAbd ar-Raḥmān III. (912–961) zum Kalifat erhoben. Bereits unter ʿAbd ar-Raḥmān II. (822–852) war al-Andalus vielen Einflüssen aus dem Orient offen, so daß es bald mit Bagdad konkurrieren konnte: Wohlstand und die vielen Annehmlichkeiten der modernen orientalisch-islamischen Zivilisation breiteten sich aus, dazu gab es eine prächtige Bautätigkeit. Dies alles machte aus Cordoba ein politisches, geistig-geistliches Zentrum, das unter ʿAbd ar-Raḥmān III. und unter seinem Sohn al-Ḥakam (961–976) einen besonderen Höhenflug erreichte; hervorgehoben zu werden verdienen die wissenschaftliche Atmosphäre und die damit verbundene große Bibliothek, welche zu den angesehensten der islamischen Welt im Mittelalter gehörte. Die Rivalitäten zwischen den einzelnen arabischen Stämmen führten zur Schwächung der arabischen Autorität. Daher wurden die Machthaber dazu bewegt, immer mehr Söldner aus Schutzbefohlenen, Sklaven, Berberstämmen und aus nichtarabischen Gebieten anzuwerben. Durch die stark wachsende Zahl der nichtarabischen Elemente entstanden neue Machtstrukturen, und unzählige Auseinandersetzungen unterminierten das Reich. Der Unwillen der Landbevölkerung, dem Armeedienst Folge zu leisten, weil er sie von der Bearbeitung ihrer Scholle abhielt, erklärt die überproportionale Zunahme von Sklaven und Söldnern aus fremden Völkern, die bald den Großteil der Heere ausmachten und die Machtverhältnisse radikal änderten. Die Bemühungen um die Wiederherstellung der omaijadisch-arabischen Macht waren am Anfang des 11. Jh. nicht von Erfolg gekrönt und so war die bewaffnete Auseinandersetzung zwischen den beiden islamischen Gruppen, den Berbern und den arabischen (proomaijadischen) Gruppen in al-Andalus, der Anfang vom Ende der arabischen Herrschaft in dieser Region der Welt. Die Folge dieses Bürgerkrieges war die Zerstörung von Institutionen und die Beseitigung von Einflüssen. Für die Freiheit und Entfaltung der Wissenschaft wurde die Atmosphäre immer ungünstiger, die zunehmende Dekadenz lähmte nach und nach die Wissenschaftlichkeit im Islam.

Welches waren nun die Gründe dieses Abstiegs? Der im vergangenen Kapitel erwähnte Ibn Khaldūn beschäftigte sich intensiv damit und versuchte in den monumentalen Prolegomena (Mukaddima/Einleitung) seines Geschichtswerkes eine Erklärung zu finden: Symptome und Natur der Krankheiten; er beobachtete, analysierte und errichtete ein sehr komplexes Gebäude von Gesichtspunkten, unter denen vor allem das Prinzip der ʻaṣabiyya (Stammeszusammengehörigkeitsgefühl), das die Entwicklung vom Nomadentum zu den seßhaften Reichen am stärksten für ihn begründet, aber auch andere sozialwirtschaftliche und verschiedenartige psychologische Kriterien eine bedeutende Rolle spielen.

Gleichgültig, wie weit jedes dieser Kriterien uneingeschränkte oder eingeschränkte Gültigkeit besitzt, die politische Instabilität und der Verlust des Mäzenatentums alter Prägung verursachten einen endgültigen Sieg der Traditionalisten und die Verbreitung einer Art Inquisition, die in dieser Form im Islam wenig oder kaum bekannt war. Bis dahin hatten die Wissenschaftler sachlich arbeiten können, wobei sie sich mit der Religion dort, wo sie im Gegensatz zu den aufgestellten Methoden ihrer Untersuchungen stand, irgendwie arrangiert hatten. Bei vielen, nicht zuletzt bei Ibn Khaldūn, war dem Rationalismus und einem hohen Maß an Wissenschaftlichkeit großer Raum zugewiesen. Die angesprochenen Umwälzungen führten aber zu entgegengesetzten Erscheinungsformen, nämlich zur Vermehrung der Moscheeschulen und zur größeren Bedeutung der islamischen Tradition, die zunehmend ihre Freiheit des Denkens zugunsten einer traditionalistischen Methode der Überlieferung verlor, in der das Auswendiglernen und das Zitieren vor allem konservativer Gelehrter die Norm wurden. Dies hatte zur Folge, daß der Muḥaddith (Überlieferer) und der Mukri' (Leser, z. B. des Korans) auf die Stufe des weitaus unabhängigeren Professoren-Status erhoben wurden. So entwickelte sich im Islam eine Art der Fortdauer in der Wissenschaft: al-Wakf (fromme Stiftung), während in Europa die der Korporation hinzukam; die erste statisch, von der Zeit der Dekadenz an immer unbeweglicher und unfruchtbarer, die zweite dynamisch, immer entwicklungsfähiger, nachdem sie sich wichtige Errungenschaften der islamischen (Wakf)-Institutionen hatte zueigen machen können. Das Fundament der islamischen Wissenschaften war ohne Zweifel das Prinzip des Idschtihād (Befleißigung, geistiger Fleiß, geistige Anstrengung), dem Tür und Tor offenstanden. Mit dem Ende der Anwendung dieses Prinzips kam das Ende der pluralistischen Meinungen, ohne die die Wissenschaftlichkeit stirbt und die den Rechtsgelehrten (Fukahā', Pl. von Fakīh) freien Raum gewährten, um zu einem Konsensus Doctorum (arab. Idschmā') zu gelangen, nachdem die gegensätzlichen Ansichten diskutiert und die überzeugenden manchmal nebeneinander festgeschrieben worden waren (s. das Verfahren des Sic et Non im europ. Mittelalter, dem das islamische lange voraufging): Vom 4. islamischen Jahrhundert/10. Jh. an gab es keine neuen oder erneuernden Rechtsmeinungen mehr und vom 7. islamischen Jahrhundert/13. Jh. an waren die Rechtsgelehrten bezahlte Funktionäre ihrer Regierungen. Damit verloren sie die dynamische Freiheit ihres Denkens.

Zusammenfassung Kapitel VII

Vom 3. islamischen Jahrhundert/9. Jh. n. Chr. an erlebt die zentrale Macht des Kalifen eine zunehmende Schwächung ihrer Autorität und durch den Aufstieg fremder Offiziere, vor allem aus Turkgebieten, ihre langsame Auflösung. Die politische Instabilität und der Verlust des Mäzenatentums alter Prägung verursachten den endgültigen Sieg der Traditionalisten und die Verbreitung einer Art Inquisition, die im Islam in dieser Form wenig oder kaum bekannt war. Bei vielen Wissenschaftlern hingegen war dem Ratio-

nalismus und einem hohen Maß an Wissenschaftlichkeit ein großer Raum zugewiesen gewesen.
Die politischen Umwälzungen und die Machtübernahme durch nichtarabische Muslime führten zur Vermehrung der Moscheeschulen und zur größeren Bedeutung der islamischen Tradition, die zunehmend ihre Freiheit des Denkens, vor allem die Anwendung des erneuernden Prinzips des Idschtihād (Befleißigung), zugunsten einer erstarrten traditionalistischen Methode der Überlieferung verlor. Damit kam das Ende der pluralistischen Meinungen, ohne die die Wissenschaftlichkeit abstirbt und die den Rechtsgelehrten freien Raum gewährten: Es bedeutete den Verlust der dynamischen Freiheit ihres Denkens.

VIII. Kapitel: Die moderne Renaissance und ihre Bahnbrecher

1. Die Herrschaft der Osmanen

Im VII. Kapitel sahen wir die fortschreitende Dekadenz der klassischen Kultur des Islam nach dem Zerfall der arabisch geprägten Machtstrukturen, die nach der Vertreibung der Muslime in Spanien im Jahre 1492 auch im Westen um sich griff. In Kleinasien errichteten vom Ende des 13. Jahrhunderts an die Osmanen (1281–1924) ein Reich und eroberten 1453 Konstantinopel, das in Istanbul umbenannt und zur Hauptstadt erhoben wurde. Den Osmanischen Sultanen gelang es nach und nach, alle Gebiete des arabischen Kalifats unter ihre Kontrolle zu bringen, bis Selim I. (reg. 1512–1520) die arabischen Länder eroberte und sich zum Kalifen der Muslime erklärte. Von da an dehnte das Reich seine Machtbefugnisse auch auf die Balkan-Gebiete aus und am Ende des 17. Jahrhunderts mußte Wien vor der türkischen Belagerung zittern. Im 16. Jahrhundert stand die Macht der Osmanen auf ihrem Höhepunkt, vor allem unter Suleiman dem Prächtigen (1494–1566), genannt Kānūmī (Kanuni)/Gesetzgeber, mit dem Franz I. von Frankreich (1494–1547) die Kapitulationen oder Vereinbarungen zum Schutze der französischen Untertanen und darüber hinaus der Katholiken des Libanon und der Christen im Orient traf. Die bereits blühende Buchmalerei erlebte in osmanischer Zeit einen in der islamischen Geschichte nie mehr erreichten Höhenflug. Dasselbe galt für die Architektur mit ihren immer prächtigeren Monumenten, vor allem Moscheen. Istanbul wurde im 16. Jh. zum Nabel der Welt; seine kosmopolitische Atmosphäre war Ursache für eine kulturelle und wirtschaftliche Blüte ohnegleichen im Mittelalter. Diese Entwicklung währte jedoch nicht allzu lange, da das Osmanische Reich immer mehr kränkelte, und der Sultan zum Gefangenen seiner Umgebung und seines Palastes wurde. Die Institutionen litten unter dem Mangel an Erneuerung, Despotie und Korruption breiteten sich aus, die Freiheit wurde mit allen Mitteln unterdrückt. Die Kultur erlitt großen

Schaden und unter der Bevölkerung nahm die Unwissenheit verheerende Ausmaße an.

Die zunehmende Abkapselung der wichtigen Zentren des Osmanischen Reiches verschlimmerte die Lage, und eine regelrechte Hexenjagd auf freiheitliche, den Fortschritt europäischer Prägung bejahende Schriftsteller und Politiker, vor allem unter den Christen, begann. Die Türken wendeten alle Mittel an, um die von ihnen regierten Länder nach dem Motto: ›divide et impera‹ (teile und herrsche) besser beherrschen zu können; daher unternahmen sie auch auf geistigem Gebiet nichts, um die besetzten Gebiete aus ihrer geistigen Lethargie herauszureißen. Im Gegenteil, indem sie die Beherrschten so unwissend wie möglich beließen, konnten sie sie leichter regieren. So kam es dazu, daß sich der arabische Orient seit dem europäischen Mittelalter in sich selbst zurückzog, im Zustand der Unwissenheit hindämmerte und von der europäischen Renaissance im 15. und 16. Jh., die er wesentlich gefördert hatte, unberührt blieb, woran natürlich auch die kaum entwickelten Nachrichtenwege und Verkehrsmöglichkeiten ihr gut Teil an Schuld trugen. Der französische Schriftsteller Volney, der im 18. Jh. eine Orientreise unternahm, hinterließ diesbezüglich schreckliche Bilder von einigen Ländern. Dem konnte nur abgeholfen werden, indem man dem Beispiel Europas nacheiferte und den Orient in Berührung mit dessen Geist brachte.

2. Libanon

Dem Libanon, der seit den Kreuzzügen und vor allem seit Franz I. mit Frankreich, aber auch mit Italien, vornehmlich mit Rom, eng verbunden war, war es zunächst gelungen, den Kontakt zur abendländischen Zivilisation herzustellen. Die besondere geographische Lage dieses Landes als Verbindungsglied zwischen West und Ost, sein multikonfessioneller Status mit der Vielzahl von Völkern, religiösen und geistigen Tendenzen, besonders aber die Präsenz einer christlichen Mehrheit schlossen seine Tore der europäischen Kultur auf. Daher erklärt sich das Interesse einiger libanesischer Prinzen im 16. und 17. Jh. für die geistige Bewegung des Abendlandes, was einen großen Widerhall in Europa, besonders im Vatikan, fand: So wurde das ›Collegium Maronitum Romanum‹ gegründet, ein Priesterseminar, in dem die begabten Söhne der größten orientalisch-katholischen Konfession des Libanon ausgebildet wurden. Im Lande sind bis heute alle wichtigen christlichen und islamischen Richtungen vertreten. Unter den Christen bildeten die Maroniten die bedeutendste Konfession; sie verdanken ihre Entstehung einem Mönch namens Maro (Mārūn), der am Ende des 4. Jh. in der Gegend von Antiochia lebte, wobei die Maronitische Kirche ihren Namen auf einen zweiten Mönch gleichen Namens, 685 Patriarch von Antiochia, zurückführt. Verfolgt durch Byzantiner und arabische Invasoren zogen sie sich in die Berge des Libanon zurück und kamen endgültig 1182 in den Schoß der katholischen Orthodoxie zurück. Sie verschmolzen mit den autochthonen phönikisch-griechischen Bewohnern der Küste, den Aramäern im Landesinnern, aber auch mit den Nachkommen der Kreuzfahrer, mit Armeniern und natürlich Arabern, und spielten eine führende Rolle in der Geschichte und Kulturgeschichte des Landes. Die griechisch-orthodoxen Christen stehen an zweiter Stelle; sie waren unter denjenigen, die mit Byzanz das Schisma im Jahre 1054 vollzogen. Zu ihnen gehörten die wesentlich weniger zahlreichen Melkiten, bis sie sich mit Rom unierten und als griechisch-katholische Kirche bezeichnet wurden. Zu den christlichen Minderheiten zählen die armenische, syrische, chaldäische und lateinische Kirche. Stärkste religiöse Kraft im Libanon wurde der Islam in zahlreichen Gruppierungen: Die ältesten unter ihnen setzten sich aus Anhängern Alis, den Schiiten, zusammen, deren Zahl erheblich zunahm. Die größere Zahl der Muslime kam durch Einwanderer zustande, darunter – vor allem nach dem Zweiten Weltkrieg – viele Gastarbeiter und seit 1948 die Palästinenser, die mehrheitlich Sunniten sind.

Die christlichen Großmächte kamen dem Wunsche der herrschenden Fürstendynastien sogleich entgegen. Dies gab Anlaß zu einem Wettlauf zwischen den großen christlichen Bekenntnissen, dessen Früchte aber erst in der zweiten Hälfte des 19. Jh. zur Reife kamen. Es gab sehr viele Faktoren, die im Libanon eine moderne Renaissance begünstigten, ja erst ermöglichten: Schulen, Buchdruck, Presse, Bibliotheken, intellektuelle Organisationen und Gesellschaften. Der Buchdruck blieb zunächst auf religiöse Texte beschränkt, denn die Interessen der Europäer waren an erster Stelle auf das Geistliche ausgerichtet, und sie bedienten sich der Kirchen und Helfer. Die geistigen Kräfte des Landes lagen noch brach, daher gewann die Bewegung erst im 19. Jh. an Bedeutung. Höhepunkt dieses Wettlaufs war die Gründung zahlreicher Schulen und Internate der verschiedenen europäischen und orientalischen Konfessionen. An der Spitze standen hierbei die Jesuiten und die amerikanischen Missionare, vor allem, nachdem ihre Schulen zu Universitäten erhoben worden waren. Es entstanden so die American University und die Université Saint Joseph in Beirut in den Jahren 1866 und 1874. Für die einheimische Intelligenz wurde es nun selbstverständlich, die europäische Literatur und die verschiedenen Gebiete der Wissenschaften im Original zu lesen, und die Quellen durch eine Übersetzertätigkeit ohnegleichen allen Interessierten zur Verfügung zu stellen. Auf diese Weise befreite sich der Orient aus seiner geistigen Starrheit. Wie bei der klassischen Renaissance des Islam gebührt den Übersetzungen auch hier eine vorrangige Stellung, da sie der Schlüssel zum Verständnis des gesamten Gebietes der arabischen Kulturgeschichte sind und Anlaß zu unzähligen schöpferischen Nachahmungen werden sollten. Doch hatten die Anfänge ihre Besonderheiten und waren nicht frei von Fehlern: einmal die Vorherrschaft der Geistlichen und somit der geistlichen Wissenschaften, dann der Mangel an gebildeten Übersetzern und schließlich die Auswanderung der geistigen Elite des Landes mit ihren Druckereien, Verlagen und Presseorganen, vor allem nach Ägypten, das im vorigen Jahrhundert die literarischen Früchte der Libanesen erntete. Sie spielten dort, vor allem auf dem Gebiet der Belletristik, des Journalismus und des Buchdrucks eine vorrangige Rolle.

3. Ägypten

Wenn die Berührung der Libanesen mit Europa in das 16. bzw. 17. Jh. zurückreicht, so fand sie in Ägypten später statt, nämlich am Ende des 18. Jh. zur Zeit des ägyptischen Feldzugs von Napoléon Bonaparte. Der französische General trug sehr viel dazu bei, Ägypten aus seiner geistigen Lethargie wachzurütteln, da ihm neben dem Ruhm des Schwertes der des Geistes am Herzen lag; daher die Fülle von Gelehrten und Fachleuten in seinem Gefolge. Schulen, Zeitungen, eine Druckerei, ein ›Institut d'Egypte‹ sowie ein Theater – alles in französischer Sprache – waren erste Schritte auf dem Wege zur modernen Renaissance. Aber erst unter der Khedivialen Dynastie, von Mohammed Ali (1805–48) begründet, kann man von einem modernen Ägypten sprechen. Diesem Herrscher albanisch-osmanischer Herkunft lag daran, die Spuren der Mameluken, seiner Vorgänger, zu beseitigen und aus diesem Land, das er zunächst für den Sultan in Istanbul erobern wollte, in dem er sich aber mehr und mehr selbständig durchsetzte, einen starken und zivilisierten Staat zu machen. Daher begann er, Studenten nach Europa, sprich nach Paris zu senden, und gründete eine Anzahl Schulen; vor allem aber erhob er das Arabische zur Landessprache. Er förderte den Buchdruck durch die Gründung der ersten ägyptischen Druckerei von Būlāk (1821), die Presse und insbesondere die Übersetzungen, indem er 1836 eine Übersetzer- und Sprachschule ins Leben rief. Die ersten Übersetzungen führte er als Lehrbücher an Ägyptens Schulen ein.

Nicht die unmittelbaren Nachfolger Mohammed Alis, sondern Ismail Pascha (1863–79), ein äußerst aufgeklärter, fortschrittlicher und ehrgeiziger Fürst, setzte die begonnene Arbeit fort. Um dem Land ein Höchstmaß an rascher Entwicklung zu garantieren, rief er mehr Europäer als Mohammed Ali nach Ägypten. Er pflegte zu sagen: Mein Reich ist ein Stück Europa, trotz seines Vorhandenseins in Afrika. Es war unter seiner Herrschaft und unter der seines würdigen Nachfolgers Taufik Pascha (1879–92), daß die geistige Elite Syriens und des Libanon, zumeist Christen, Ägypten zu ihrer Wahlheimat erkor, weil ihr in ihrer Heimat die türkische Gewaltherrschaft das Leben unerträglich machte. Da der Khedive in Ägypten ziemlich freie Hand besaß, benutzte er diese Intellektuellen, die dort meist als Protégés von Frankreich und England lebten, als Aushängeschilder seiner reformfreudigen Politik. In dieser mit dem Blick auf Europa entstandenen Bewegung spielten die Übersetzungen – genau wie im Libanon – eine vorrangige Rolle. Das Ziel der Khediven war ja, aus Ägypten einen modernen, starken Staat zu machen. Dieser Wille einerseits, die zahlreichen Stipendiaten und die ausländischen (syrisch-libanesischen wie europäischen) Fachkräfte, die die verschiedenen Fachbereiche leiteten, übernahmen die Rolle, die die Missionare und Geistlichen im Libanon gespielt hatten. Man erkennt bereits, welcher Unterschied zwischen den beiden Bewegungen besteht: Wo dort die erbauliche Literatur vorrangig war, ist hier die profane Literatur von besonderer Bedeutung, daher das große Interesse für die Naturwissenschaften, vor allem für die Medizin und für militärische Fragen – schon Mohammed Ali erkannte die Notwendigkeit einer starken, gut ausgebildeten Armee als Symbol eines starken, modernen Staates.

4. Die Entwicklung der Literatur

Bewußt wurden die Anfänge der modernen Renaissance in der arabischen Welt von heute mit diesen beiden Ländern verknüpft, da sie maßgebend für die ganze Bewegung waren und die wichtigsten Intellektuellen hervorbrachten, welche als Bahnbrecher der modernen Zeit zu betrachten sind. Ihnen verdankt die heutige arabische Welt die Erneuerung und somit den Weg in die moderne Zivilisation. Wie einst in der klassischen Renaissance der Araber sind auch hier die nichtislamischen Elemente von großer Bedeutung, ja, sie sind hier für die Erneuerung bedeutender. Im folgenden sollen einzelne Gebiete und Namen von Autoren als Beispiele für viele Erwähnung finden:

Das arabische Theater wurde durch Mārūn an-Nakkāsch (1817–1855) in Beirut 1847 ins Leben gerufen. Dieser Libanese schuf eine freie Übersetzung des ›Geizigen‹ von Molière (al-Bakhīl). Seinen Übersetzungen fügte er Material aus ›Tausendundeiner Nacht‹ hinzu. Unter dem Titel ›Arzat Lubnān‹ (die Zeder des Libanon) erschienen drei weitere Theaterstücke und einige Gedichte, die sein Bruder Salim in Beirut 1869 herausgab. Andere Mitglieder seiner Familie und weitere Ägypter führten die begonnene Arbeit in Ägypten fort. Das klassische Theater verselbständigte sich mit dem ägyptischen Dichter Aḥmad Schauki (1868–1932), der in großer Gunst als Hofdichter stand. In zahlreichen Theaterstücken (wie ›Kleopatra‹, Kairo 1917) versuchte er zum ersten Mal, die Regeln des klassisch europäischen Theaters im Arabischen zu verwirklichen. Er errang mit Gedichten über das nationale Leben seiner Heimat und über fesselnde lyrische Motive großes Ansehen; geprägt durch seine internationale Abstammung und Bildung zeigte er interkonfessionelle Toleranz. Mit dem libanesischen Dichter Sa'īd 'Akl (geb. 1912) erreichte diese Entwicklung ihren Höhepunkt. Die Tore zum modernen Theater in Ägypten wurden weit aufgestoßen; man bediente sich auch des ägyptischen Dialekts oder einer Mischform, um mehr Überzeugungskraft zu erreichen. Hier wäre v. a. Taufīk al-Ḥakīm (1902–1987) zu erwähnen, der zahlreiche Bühnenwerke verfaßte, in denen die dramatische Form sich auf philosophische, historische oder sozialkritische Grundlagen stützt und zu voller Geltung gebracht wird.

Der Roman hielt Einzug in die arabische Literatur. In nachahmender Weise, wie alles besonders am Anfang, und sich zunächst auf die Übersetzungen stützend, spannt sich der Bogen vom historischen Gemälde mit dem Bahnbrecher auf diesem Gebiet, Dschurdschi Zaidān (1861–1914), dessen umfangreiches und vielfältiges Werk in seinem Verlag und in seiner Zeitschrift al-Hilāl (gegründet 1892 nach seiner Übersiedlung von Beirut nach Kairo) erschien, bis zu den modernsten gesellschaftlichen und politischen Richtungen. Auch die Probleme der orientalischen Gesellschaft fanden und finden ihre Darstellung im Roman, in der Novelle, im Essay usw. Hier wären eine Anzahl von Namen aufzuführen, denen die moderne arabische Welt auf dem Gebiet der Erneuerung sehr viel schuldet. Alle standen unter dem Einfluß der französischen und englischen Kultur und traten auf den verschiedenen Gebieten des geistigen Lebens als Vertreter europäischer Ideen oder Schulen auf. Die sogenannten Schriftsteller-Emigranten, die in großer Zahl in Amerika lebten und meist christliche Libanesen und Syrer waren, wurden im besonderen zu Bahnbrechern der neuen Ideen und literarischen Formen. Sie konnten aus nächster Nähe die europäische Zivilisation und den Fortschritt in Nordamerika beobachten und taten alles, um ihren Landsleuten die neuen Vorstellungen zu vermitteln, mit denen sie sich eng verbunden fühlten. Ein Name verdient hier besondere Erwähnung: Dschubrān (od. Dschabrān/Dschibrān) Khalīl Dschubrān (1883–1931), der ständig zwischen Nordamerika (New York) und seiner Heimat, dem Libanon, hin- und herpendelte. Er übte in seinen sehr erfolgreichen Büchern, die er zur Hälfte englisch abfaßte (z. B. The Prophet, 1923; Jesus, the son of man, 1928), heftige Kritik am christlichen Glauben und am Glauben überhaupt; er griff die Heuchelei der bürgerlichen Gesellschaft, die Unnatürlichkeit der Konventionen an, trat – stark von Nietzsche beeinflußt – für die Heiligkeit des Individuums und seine ungebremste Entfaltung, für allgemeine Gleichberechtigung und gegenseitige Hilfe und für eine möglichst weitgehende Überwindung der Klassengegensätze ein, machte sich zum Fürsprecher der Arbeiterschaft, der er einen ehrenvollen Platz im gesellschaftlichen Ganzen zu geben forderte, und schrieb über die Bedeutung werktätigen Schaffens. Diese sozialen Probleme wurden von namhaften arabischen Schriftstellern, vor allem von Ägyptern, aufgegriffen, da diese Probleme dort am größten waren und sind.

Die Entwicklung dieser Gattung führt über viele Autoren bis in unsere Tage hinein und findet einen Höhepunkt bei dem 1988 mit dem Nobelpreis für Literatur geehrten Nadschib Mahfus (Nagīb Maḥfūẓ, geb. 1911), dessen Werk die intellektuellen und sozialen Probleme des ägyptischen Kleinbürgertums und die der mittelständischen ägyptischen Jugend in ihrem Kampf für die Rechte der Arbeiterschaft analytisch aufarbeitet. Dieser große Kämpfer steht in der Tradition mutiger, aufgeklärter Verteidiger eines besonnenen Fortschritts, der gegen hemmende und rückständige politische und religiöse Instanzen mutig vorgeht, was fundamentalistische Gruppen und Regierungen der arabischen und islamischen Welt gegen ihn aufgebracht hat. Auch die Probleme des Orients fanden und finden ihre Darstellung im Roman. Eine besondere Bereicherung erfuhr die moderne Literatur durch die Geburt der politischen Prosa, die sich zuerst gegen die Willkürherrschaft der Türken durch Bahnbrecher wie Sulaimān al-Bustānī (1856–1925) artikulierte. Dieser war sowohl Gelehrter (s. weiter unten) als auch Politiker (Abgeordneter von Beirut und Mitglied des zentralen osmanischen Ministerrats) und Reformer, der sich durch zahlreiche Presse-Artikel und ein Buch (ʿIbrā wa-dhikrā, Oktober 1908) einen Namen machte; er begrüßte darin die Bewegung der Jungtürken, beschrieb deren Reformprogramm und zeichnete ein Bild der Verheerungen durch das despotische Regime, dem er die ganze Schuld an der Rückständigkeit des Osmanischen Reiches gegenüber der zivilisierten Welt zuschrieb. Seit dem Ersten Weltkrieg wandte sich aber diese politische Richtung ganz allgemein gegen die Kolonialisten und Imperialisten, so z. B. Amīn ar-Raiḥānī (1876–1940), welcher zu den bedeutendsten Verfechtern der arabischen Einheit und der Befreiung des Geistes von jeder religiösen und politischen Unterdrückung zählte und sich große Verdienste um die Öffnung des Orients für die westliche Kultur erwarb. Auch er gehörte zu den international anerkannten und Arabisch und Englisch schreibenden libanesischen Autoren wie Dschubran und Mikhā'īl Nu'aima (1889–1988), der in seinen Romanen und Erzählungen der Nüchternheit des westlichen Realismus einen von orientalischer Weltanschauung durchdrungenen Symbolismus gegenüberstellt. Auch auf dem Gebiet der Literaturkritik war eine Bereicherung zu verzeichnen, sie ahmte die europäische Strömungen nach. Zwei Namen nehmen einen vorrangigen Platz ein: Sulaimān al-Bustānī (s. o.), der zum ersten Mal Homers Ilias 1904 meisterhaft in Versen übersetzte und in dessen monumentaler Einleitung sich die erste moderne arabische Literaturkritik findet, sowie der seit seiner Kindheit erblindete Ṭāhā Ḥusain (1889–1973), dessen Literaturkritik französisch geprägt ist; in seiner Autobiographie, einem Meisterwerk der Gattung, prangerte er üble Zustände in der Provinz und in Kairo, die Zerstörung vieler Erwartungen vor allem bei den Jugendlichen scharf an.

Die Erneuerungsversuche machten auch vor der Geschichtsschreibung nicht halt. Den Anfang bildete die Beschreibung des Feldzugs von Napoléon Bonaparte durch den Ägypter al-Dschabartī (1754–1824/25), dessen Geschichtsbuch eine wertvolle zeitgenössische Chronik darstellt. Seit dem 20. Jahrhundert wurden und werden kritischere Studien häufiger, darin finden Nationalismus, engagierte Ideologie und Islamismus ihren Platz.

Die literarische Prosa im allgemeinen erweiterte ihre Themenkreise, unterstützt durch die Modernisierung der Sprache und des Wortschatzes. Unter den vielen Namen im 19. Jahrhundert gebührt Ibrāhīm al-Yāzidschī (1847–1906) große Anerkennung. Die philologischen Werke dieses libanesischen Schriftstellers und Journalisten setzen Maßstäbe für die Entwicklung der modernen arabischen Sprache, an denen sich diese bis zum heutigen Tage orientiert, so u. a. das Problem der Homonymie, der

Synonymie, der Wortschatzerweiterung, des Verhältnisses zwischen der Gesellschaft und der Sprache. Seine meisterhafte Sprachbeherrschung zeigte sich in der Korrektur des arabischen Textes der Bibelübersetzung der Jesuiten (Beirut, 3 Bde. 1876–80). Viele moderne philologische Werke aus jener Zeit sind vernachlässigt und harren der wissenschaftlichen Bearbeitung.

Auf dem Gebiet der Poesie lag die größte Leistung dieser Renaissance darin, das Tor zur Antike aufgestoßen zu haben. Zum ersten Mal wurde die Ilias durch Sulaimān al-Bustānī, übersetzt (s. o. und Kapitel V, dort auch zu den Gründen, die vorher zur Nichtbeachtung dieses altgriechischen Werkes vor ihm geführt hatten). Was die Übersetzung (Kairo 1904) selbst angeht, so bleibt sie eine der größten Errungenschaften der modernen arabischen Kultur: große Texttreue, gepflegte Verse (auch außerhalb der Ilias ist er als Dichter aufgetreten), dazu scharfsinnige und gelehrte Kommentare. Auf die erste Welle von erneuernden Poeten, die sich noch der Tradition verbunden fühlten, folgte eine fortschrittliche, die die Poesie aus allen überkommenen Fesseln befreite. Eine wesentliche Neuerung war die Verwendung des freien Verses und des Dialekts, der in Poesie und Prosa (v. a. in Theaterstücken und modernen Erzählungen) das auszudrücken versuchte, was sich trotz aller Fremdwörter und Neubildungen immer noch nicht in der Schriftsprache ausdrücken läßt.

5. Wissenschaft: Die Azhar-Universität in Kairo

In diesem Kapitel wurde auf die Anfänge der modernen arabischen Renaissance, auf die Initiatoren der Bewegung und auf einige namhafte intellektuelle Vertreter aufmerksam gemacht. Wie abhängig diese Renaissance von Europa war und ist, beweist das christliche Element als wesentliches Merkmal des Fortschritts. Dieser schockte anfangs die konservativen islamischen Kreise, die versuchten sich zu organisieren, um sich von diesem Modernismus, der ihnen verdächtig vorkam, zu distanzieren und eine Wiederbelebung des religiösen islamischen Elements zu erreichen. Mittelpunkt dieser Aktivitäten war die berühmte Azhar-Universität in Kairo, die als theologische Lehrinstitution nach der Eroberung Ägyptens und der Gründung Kairos durch die Fāṭimiden 969 als Zentrum der schiitisch-ismaelitischen Lehre gegründet worden war. Der Lehrbetrieb folgte bis ins 20. Jh. hinein den Traditionen des mittelalterlichen Islam. Die Anpassung an die Erfordernisse der modernen Zeit geschah nicht ohne heftige Auseinandersetzungen. Von hier gingen wichtige Impulse aus, die die Kontakte zwischen zwei verschiedenen Welten herstellen sollten: Rifā'a aṭ- Ṭahṭāwī (1801–73) wurde nach acht Jahren Ausbildung in al-Azhar von Mohammed Ali an der Spitze einer ersten Delegation von Stipendiaten nach Paris geschickt, wo er sich einige Jahre mit den westlichen Kulturen, besonders mit der französischen, beschäftigte und viele Bücher ins Arabische übersetzte. Seine Beschreibung von Paris (Takhlīṣ al- ibrīz ...), die in deutscher und französischer Übersetzung vollständig vorliegt (K. Stowasser, München 1989, u. A. Louca, Paris 1989), enthält seine Beobachtungen und Kommentare aus der Nähe und verweist bei aller Zurückhaltung, die der Azhar-Scheich der neu entdeckten Welt entgegenbrachte, auf Zustände, die im modernen Orient nicht bekannt gewesen waren. Wichtiger noch als aṭ-Ṭahṭāwī ist Muḥammad 'Abduh (1849–1905), einer der bedeutendsten Reformatoren des modernen Islam, ebenfalls ein Absolvent von al-Azhar und Schüler des großen Meisters al-Afghānī, von dem er die Reformimpulse erhielt und mit dem er in der Pariser Verbannung leben mußte. Von al-Afghānī war 'Abduh auf die Schwächen der islamischen Welt im Vergleich zu Europa hingewiesen worden. Neben Paris wurde Beirut sein zweites Exil, eine Stadt voll der neuen Ideen. Nach Ägypten zurückgekehrt, wurde er Professor und Rektor der Azhar-Hochschule, deren Reform er einleitete; auch die Reform der ›Frommen Stiftungen‹ (arab. aukāf) war sein Werk, nachdem er im Jahre 1899 zum Richter und Großmufti von Ägypten ernannt worden war. Die Ursache für den Rückschritt der islamischen Länder liegt ihm zufolge nicht in der Religion, sondern im Zaudern der Muslime. Ihre Religion bleibt die beste für Menschen geschaffene, da sie das höchste Maß an Logik, Glück und Entfaltung bietet. Daher zurück zu den Anfängen, wobei Zaudern und Verfälschungen beiseite zu schieben sind und an die selbständige, interpretierende Entscheidung, an das Idschtihād-Prinzip wieder angeknüpft werden muß, das so heilsam für den Islam war.

Ein letztes Beispiel ist Ṭāhā Ḥusain (1889–1973), die dominierende Figur im Ägypten des 20. Jahrhunderts. Er ist wahrscheinlich das beste Beispiel für die Abhängigkeit des islamischen Geistes vom Westen. In einem kleinen Dorf Oberägyptens geboren, verlor er das Augenlicht im Alter von sechs Jahren. Seine herausragende Intelligenz und sein phänomenales Gedächtnis ermöglichten ihm dennoch den Besuch der Azhar-Universität, wo er seine zunehmende Unzufriedenheit mit den erstarrten Unterrichtsmethoden und Programmen zum Ausdruck brachte. Als die Universität Kairo 1906 eröffnet wurde und 1908 den Lehrbetrieb aufnahm, wurde er ihr erster Absolvent. Seinem mit Auszeichnung bestandenen Doktor-Examen verdankte er ein Stipendium für Paris. Dort studierte er mehrere Sprachen, eignete sich eine humanistische Bildung an, die dazu alle modernen Tendenzen der Philosophie, Soziologie, Psychologie sowie Philologie berücksichtigte, und promovierte über die soziale Philosophie Ibn Khaldūns. Als Professor in Kairo, Dekan seiner Fakultät und späterer Kultusminister sorgte er u. a. für den Ausbau der Universität nach französischem Vorbild und für eine kostenlose Schulpflicht. Ṭāḥā Ḥusain setzte sich für eine breite, möglichst humanistische Schul- und Hochschulausbildung ein, die die engen und erstarrten Wege der Tradition verlassen sollte, um einen Nachwuchs heranzubilden, der die arabische Welt dem Fortschritt anpassen sollte. Ein solcher Typ des Intellektuellen, den vor allem seine bahnbrechende Literaturkritik prägte, war bisher in der islamischen Welt undenkbar gewesen. Leider finden solche Ideen heute wenig Widerhall (s. Kapitel IX).

Zusammenfassung Kapitel VIII

Obwohl es den islamischen Herrschern in Istanbul zeitweise gelang, eine kosmopolitische Atmosphäre mit einer großartigen kulturellen und wirtschaftlichen Blüte zu erzeugen, währte auch hier diese positive Entwicklung nicht allzu lange. Die Institutionen litten unter dem Mangel an Erneuerung, unter Despotie und Korruption. Die Kultur erlitt großen Schaden und die Unwissenheit nahm verheerende Ausmaße an.

Dem konnte nur abgeholfen werden, indem man dem Beispiel Europas nacheiferte und den Orient in Berührung mit dem europäischen Geist brachte. Die geographische Lage und der multikonfessionelle Status des Libanon, vor allem die Präsenz einer christlichen Mehrheit auf seinem Boden, schlossen seine Tore der europäischen Kultur auf. Die christlichen Großmächte kamen dem nach, und dies führte zu einem Wettlauf, der erst in der zweiten Hälfte des 19. Jahrhunderts seine Früchte trug – vor allem in Ägypten, wo die khediviale Dynastie, von Mohammed Ali gegründet, einen modernen, starken Staat schaffen wollte. So vereinten sich die Kräfte von Europäern, christlichen Emigranten aus dem Libanon und Syrien sowie von ägyptischen, für den Fortschritt arbeitenden Intellektuellen, um eine Entwicklung in nachahmender Weise in Bewegung zu setzen, die die Erneuerungsversuche auf viele Gebiete der Kultur und Gesellschaft ausdehnte; auch eine islamische Institution wie die Azhar-Universität wurde davon erfaßt, namhafte Vertreter dieser Universität spielten in dem Erneuerungsprozeß eine führende Rolle.

IX. Kapitel: Reformatoren und Fundamentalisten

Reformen sind ein heikles Problem, insbesondere wenn man die Dritte Welt betrachtet und alle Gebiete des öffentlichen und sozialen Lebens, vor allem auch die Religion einbezieht. Wir sahen, wie sich die Beziehungen zwischen Religion und Politik im Islam entwickelten und nach wie vor entwickeln und wie die große klassische Renaissance mit Hilfe eines besonderen Mäzenatentums ein erstaunliches Ausmaß an Wissenschaftlichkeit zeitigte.

Der Rationalismus oder ein gewisser Rationalismus versuchte, Religion und Wissenschaft miteinander zu versöhnen, so daß die Gelehrten sich dort, wo es Streitigkeiten darüber gab, irgendwie mit der Religion arrangierten. Auf diese Weise war es der klassischen Renaissance gelungen, die islamische Kultur so beweglich zu gestalten, daß alle Aspekte fremder Kulturen diskutiert und verarbeitet werden konnten, sobald sie dienlich erschienen. Das leitende Prinzip war dabei das des Idschtihād/der Befleißigung.

Diese Entwicklung einer Anpassung an neue Situationen, ja an neue Welten brach mit dem in Kapitel VII analysierten Zerfall dieser Renaissance ab. Der islamische Orient geriet allmählich in eine tiefe geistige Lethargie, aus der er erst unter ständiger Einwirkung des modernen Europa wieder zu erwachen begann (s. Kap. VIII). Das 19. Jh. erlebte die Expansion des Kolonialismus im Orient und in der arabischen-islamischen Welt eine reformfreudige Öffnung, die in der späteren Geschichte dieser Regionen ihresgleichen sucht. Die osmanische Zentralmacht ergriff neue Maßnahmen, die die moderne Entwicklung in der westlichen Welt berücksichtigten: 1839 erreichten die Tanzimat/Reformgesetze einen ersten Höhepunkt; dadurch wurde eine Reform auf vielen staatlichen und sozialen Gebieten vorgesehen, die 1856 bestätigt wurde. Die 1876 verkündete Verfassung war das Signal zugunsten einer Anpassung des Osmanischen Reiches an die neuen europäischen Errungenschaften. Daß dieser eingeschlagene Weg durch den Sultan Abd ül-Hamid II. (1876–1909) beendet wurde, war nicht nur den Jungtürken ein Ärgernis. Deren Bewegung wurde dagegen 1908 von Erfolg gekrönt, indem sie das autokratische Regime des Herrschers beendete – zur vollen Zufriedenheit des libanesischen Politikers und Schriftstellers Sulaimān al-Bustānī, welcher ihre Bewegung in einem dafür verfaßten Buch begrüßte (s. Kapitel VIII). Die Modernisierungswelle in der Türkei gipfelte in der neuen, durch Kemal Atatürk (1881–1938) gegründeten Republik, die ab 1924 einen weltlichen, modernen Staat zum Ziele hatte, und der 1926 eine zivile Verfassung gegeben wurde. Dazu ein neues, lateinisches Alphabet mit Sonderzeichen zur Wiedergabe von darin nicht vorhandenen türkischen Lauten. Jedoch erwies sich dieser Reformweg als sehr dornig und die politischen, vor allem aber die zunehmenden wirtschaftlichen Schwierigkeiten der Türkei gestalteten seit dem Tode Atatürks die Lage des Landes immer unsicherer, so daß islamischen, fundamentalisch geprägten Gruppen immer mehr Zugeständnisse gewährt werden mußten und müssen. Wie lange die Armee als Korrektiv zugunsten der kemalistischen Reformen fungieren kann, bleibt dahingestellt. Die Türkei wird mehr oder weniger wieder zu einem islamisch geprägten Staat und viele der alten Reformen werden derart in Frage gestellt, daß man sich zu Recht fragen kann, ob sie angesichts des zunehmenden Drucks in der Zukunft überhaupt Bestand haben können.

Wir sahen in Kapitel VIII, wie der Weg in die sozialen, kulturellen und religiösen Reformen in der arabisch-islamischen Welt eingeleitet wurde und welche aussichtsreichen Zukunftsperspektiven zu erwarten waren. Auch Ägypten, das reformfreudigste Land, erlebte ein fast ähnliches Ende seiner Reformen wie die Türkei, denn das parlamentarische Leben scheiterte 1879 und Ägypten wurde 1882 durch Großbritannien besetzt. Die Entwicklung der arabisch-islamischen Welt bis zum heutigen Tage wird später geschildert (s. Kapitel X), so daß hier nur auf die Reformatoren und ihre Gegner eingegangen wird, um schließlich die gehegten Erwartungen und die Mittel zu deren Verwirklichung zu verstehen.

Die Antworten auf die Schwäche Europa gegenüber, auf Korruption und Auflösung im eigenen Lager, waren religiöser Art. Schon Ibn Taimiyya (1263–1328) hatte zur Reinigung des Islam von verderbenden mystischen und erstarrten Einflüssen aufgerufen und die Integrität der Verantwortlichen als Voraussetzung für eine korrekte Gesellschaft hervorgehoben. Sein Beispiel machte Schule: Die Wahhabiten in Saudi-Arabien mit ihrem Anführer Muḥammad Ibn ʿAbd al-Wahhāb (1703–1787), die zur Rückkehr zur urtümlichen Reinheit des Islam aufriefen; oder andere im Irak des 19. und beginnenden 20. Jh., die versuchten, den traditionalistischen Islam zu verteidigen und ihn auf irgendeine Weise mit den modernen nichtreligiösen Wissenschaften zu versöhnen. Der aus Algerien stammende Muḥammad Ibn ʿAlī as-Sanūsī (1787–1859), Begründer der Sanusidischen Reformbewegung, war erfolgreicher: Er wählte Libyen als Wirkungsstätte, um den Verfolgungen der Franzosen und der Ägypter zu entgehen; es gelang ihm nicht nur den Islam in der Wüste zu verbreiten, sondern auch eine beduinische Gesellschaft zur Zusammenarbeit und Organisation zu veranlassen, wobei durch die organisierten Zellen viel Wissen unter dieser Bevölkerung verbreitet wurde.

Jedoch blieben diese und andere Reformbewegungen weit hinter denen zurück, welche von Ägypten ausgingen. An der Spitze steht das erneuernde Werk des Dschamāl ad-Dīn al-Afghānī (1839– 1896), der, obwohl nicht Ägypter, im Lande der Khediven eine große Wirkung ausübte und zu dessen wichtigsten Schülern Muḥammad ʿAbduh (s. Kapitel VIII) zählte. Durch seine zahlreichen Reisen in Ost und West kam al-Afghānī in Berührung mit verschiedenen Kulturen, orientalischen wie europäischen. Er trat für die Reinheit der Religion, die Versöhnung zwischen Religion und Wissenschaft im Lichte des Idschtihād/der Befleißigung ein, denn die Beschäftigung mit modernen Strömungen ist eine Notwendigkeit für einen Muslim, der davon das aufnimmt, was mit seiner Religion übereinstimmt und der islamischen Gesellschaft nützlich ist. Muḥammad ʿAbduh, der an viel exponierterer Stelle stand, setzte die begonnene Arbeit seines Lehrers mit neuen Akzenten fort. Für ihn war die Reform des Islam eine unabdingbare Notwendigkeit; die moderne islamische Gesellschaft mußte daher auf dem Geist und nicht auf den Gesetzen basieren; deswegen waren die Traditionalisten seine größten Feinde. Ihm verdankt man die Rehabilitierung der rationalistischen Bewegung im Islam, denn er suchte nach einem harmonischen Verhältnis zwischen Religion und Wissenschaft. Als Vorreiter berücksichtigte er in seinem Korankommentar die modernen wissenschaftlichen Errungenschaften (mehr über ihn s. Kapitel VIII).

Diese beiden Reformatoren machten Schule, und viele moderne Autoren der arabisch-islamischen Welt beziehen sich auf sie. Kāsim Amīn (1863–1908), der größte Anwalt der Befreiung der Frau im Islam im 19. Jahrhundert, gehörte zum Kreis der Schüler. Er machte auf die üble Lage der Frauen aufmerksam; die Emanzipation der islamischen Frau machte zwar Fortschritte, aber das Problem war heikel und stieß in bestimmten konservativen Kreisen auf größten Widerstand, zur Unzufriedenheit zeitgenössischer Feministinnen in Kairo, im Maghreb oder in der europäischen Emigration. In diesem Zusammenhang verdient der Name einer Frau in der modernen arabischen Literatur besondere Erwähnung, Mayy (= Marie) Ziyāda (1886–1941), eine libanesische Schriftstellerin, welche nach Kairo übersiedelte. In zahlreichen auch europäischen Sprachen und Kulturen zu Hause, glänzte sie durch das hohe Niveau ihrer Bildung und Sprachkunst und genoß dadurch großes Ansehen. Dies ermöglichte ihr, einen wesentlichen Anstoß zur Emanzipation der Frau zu geben und einen literarischen Salon zu gründen, der zum Mittelpunkt der intellektuellen Elite von Kairo wurde. Ihr Gesamtwerk erschien 1982 in Beirut in 2 umfangreichen Bänden. Die heutigen Feministinnen stehen allerdings vor anderen Situationen und vor allem vor Perspektiven, die enttäuschend erscheinen und zu heftigeren Reaktionen herausfordern.

Die Zeiten, in denen große Reformatoren ihre Stimme erheben, bedeutende Schüler um sich versammeln und sich Gehör verschaffen können, scheinen vorläufig vorbei zu sein. Zwar war Raschīd Muḥammad Riḍā (1865–1935), Schüler M. ʻAbduhs, nie müde geworden, zu betonen, daß der Islam die unumstrittene Religion war und ist und für jedes Zeitalter uneingeschränkt tauglich ist, wobei Meister und Schüler besonderen Einfluß auf die Modernisierungsbestrebungen in anderen islamischen Ländern ausübten. Zwar empfahl bereits Ṭāhā Ḥusain die Trennung von Religion und Staat, wobei diese Trennung nach französischem Vorbild der Religion seiner Meinung nach nicht schaden konnte. Und ʻAlī ʻAbd ar-Rāzik ging noch viel weiter, indem er eine radikale Trennung von Staat und Religion empfahl (in seinem Buch: al-Islām wa-uṣūl al-ḥukm/Der Islam und die Grundlagen der Herrschaft, Kairo 1925). Aber es gibt viele Stimmen, die nichts mehr von solchen Autoren, selbst von gemäßigteren Reformatoren hören wollen, die vielmehr den Islam gegen andere Strömungen verteidigen, indem sie eine islamische Republik mehr oder weniger nach iranischem Modell als Ziel haben. Islamismus und Fundamentalismus verbuchen Erfolge bei den Massen, weil alle anderen inneren und äußeren Systeme und Parteien keine Besserung vor allem der wirtschaftlichen Lage gebracht haben, und somit die islamische Ideologie als einziger Schutz gegen Verfolgungen und Unfreiheit erscheint. In manchen Ländern, wie z. B. in Algerien, wo die FIS (Front Islamique du Salut), obwohl in den Wahlen siegreich, nicht an die Macht gelangte, läuft die Entwicklung etwas anders ab. Als Bahnbrecher fungieren in der islamischen Welt in gut organisierter Form und mit paramilitärischen Gruppen die Muslimbrüder: Ihr Begründer, Ḥasan al-Bannā (1906–1949), suchte die Verwirklichung der Normen des traditionellen Islam und der koranischen Lehre in allen staatlichen und gesellschaftlichen Lebensbereichen durchzusetzen; Sufismus, Nationalismus und Fundamentalismus prägten ihn. Seine Anhänger sind in der Regel geschickte Prediger und verstehen mit dem Volk umzugehen. Der wichtigste Vertreter der Muslimbrüder in der Nachkriegszeit war Sayyid Kuṭb (1906–1966), der den bedeutendsten Korankommentar dieser Richtung schrieb (Fī ẓilāl al-Kur'ān = Im Schatten des Korans). Darin verteidigt er Islam und Koran als einzige mögliche Wege, die zu Gott führen und Glück gewähren, außerhalb gibt es nur Dunkelheit, Elend und Häßlichkeit; ihm zufolge wurde die Dekadenz der islamischen Welt durch Mangel an Respekt für das religiöse Gesetz verursacht. Der Korankommentar hebt gegen europäische Widersacher die vollkommene Harmonie zwischen Religion und Wissenschaft im Islam hervor.

Natürlich gibt es besonnene Stimmen, welche die Gemeinsamkeiten zwischen Islam und Christentum betonen, jedoch ist zu befürchten, daß sie sich in Zukunft aufgrund der weiteren Verschlechterung vor allem der wirtschaftlichen Lage und der Zunahme des Elends in vielen islamischen Ländern kaum mehr Gehör verschaffen werden.

Die islamische Welt braucht aber dringend Reformen, um mit der Bevölkerungsexplosion und den zunehmenden wirtschaftlichen Schwierigkeiten fertig zu werden. Auf sich allein gestellt, kann sie diese nicht bewältigen. Sie benötigt aufgeklärte Persönlichkeiten, entschlossene, qualifizierte Menschen, die sich für eine bessere Zukunft einsetzen, indem sie die ruhmreiche Vergangenheit als vergangen akzeptieren und ihre Länder als Entwicklungsländer betrachten. Daß eine mehrschichtige Kultur nicht unbedingt das Wesen eines Menschen zu spalten braucht, beweisen viele große Gelehrte und Schriftsteller der arabisch-islamischen Welt: Die erste geistige Synthese entstand bereits in der goldenen Zeit der islamischen Geschichte. Die arabisch-islamische Welt von heute muß auf eine zweite Synthese hinarbeiten, die nicht mehr arabisches Gedankengut einerseits, griechisch-persisches andererseits beinhaltet, sondern Islam und Modernismus, zur Ermöglichung einer besseren Zukunft auf allen Gebieten des modernen Lebens, vor allem dort, wo die Massen auf Brot und Linderung ihrer Not warten.

Zusammenfassung Kapitel IX

Das leitende Prinzip der Befleißigung in der klassischen Kultur des Islams gestaltete diese so beweglich, daß alle Aspekte fremder Kulturen diskutiert und verarbeitet werden konnten, sobald sie dienlich erschienen. Diese Entwicklung der Anpassung an neue Situationen und Welten brach mit dem in Kapitel VII dargestellten Zerfall dieser Renaissance ab. In der modernen Zeit suchte man Antworten auf die Schwäche Europa gegenüber, auf Korruption und Auflösung im eigenen Lager in Mißachtung der islamischen Normen; daher hoben die ersten Reformatoren die verderbenden Einflüsse hervor und riefen zur Rückkehr zur urtümlichen Reinheit des Islams auf. Die größte Erneuerung kam aber von Ägypten, wo al-Afghānī und vor allem sein Schüler ʿAbduh für die Versöhnung zwischen Religion und Wissenschaft im Lichte des in Vergessenheit geratenen Prinzips der Befleißigung eintraten, damit die islamische Gesellschaft auf dem Geist und nicht auf den Gesetzen basiert.

In unseren Tagen scheinen die Zeiten der großen Reformatoren vorbei zu sein: Islamismus, Fundamentalismus verbuchen, angesichts vor allem der desolaten wirtschaftlichen Lage, Erfolge bei den Massen, und es ist zu hoffen, daß die Muslime die geeigneten Persönlichkeiten finden, die auf eine Synthese wie in der klassischen Renaissance hinarbeiten, um Islam und Modernismus dauerhaft zu versöhnen und somit die Not der Massen besser zu lindern.

X. Kapitel: Die islamische Welt heute

1. Die arabische Welt

Seit dem Anfang des 16. Jh. kamen die Regionen der arabischen Welt nach und nach als Provinzen unter osmanische Herrschaft. In dieser Zeit fühlten sich große Teile der arabischen Bevölkerung durch die Religion mit den Osmanen verbunden, jedoch gab es auf sprachlichem und kulturellem Gebiet mancherlei Spannungen. Daraus entstanden seit dem vorigen Jahrhundert Bewegungen, die nach einer eigenen nationalen Identität suchten. Die Bewegung der Jungtürken fand ihren Anwalt in Sulaimān al-Bustānī, der sie als erster Staatsmann und Schriftsteller in seinem Buch 'Ibrā wa-Dhikrā verteidigte; 1913 trat er vom osmanischen Ministerrat zurück. Die Araber begannen mehr und mehr die Last der osmanischen Unterdrückung zu spüren. Im Jahre 1912 wurde ein Reformprogramm aufgestellt, und 1913 fand ein erster Kongreß in Paris statt, auf dem einige arabische Organisationen zunächst nach Dezentralisierung verlangten.

Während die Türkei im Ersten Weltkrieg an der Seite des Deutschen Reiches kämpfte, versuchte Scherif Husain von Mekka (um 1853–1931) Zeit zu gewinnen und entsandte seinen Sohn Faisal (1883–1933) nach Damaskus, um von dort aus die Unabhängigkeit Großsyriens zu erreichen, womit sich die Briten mehr oder weniger einverstanden erklärten. Daraufhin rief der Scherif die Revolution aus und sein Sohn ging zu Kampfhandlungen über, die Briten und Arabern die Besetzung von Al-Akaba und Syrien ermöglichten. Großbritannien war anfangs auf die Einheit des Osmanischen Reiches bedacht gewesen. Nachdem die Türkei als Verbündeter Deutschlands in den Krieg eingetreten war, verfolgte es seine eigenen Interessen, als es um die Aufteilung der vom Osmanischen Reich abzutrennenden Gebiete zwischen den Alliierten ging. Entgegen den Vereinbarungen zwischen Arabern und Briten stellten Frankreich, Großbritannien und Rußland Gebietsansprüche. Der Krieg endete mit der Niederlage und Auflösung des Osmanischen Reiches. Syrien und der Libanon gelangten unter französisches,

Transjordanien, der Irak und Ägypten unter britisches Völkerbundsmandat. Statt eines arabischen Reiches in Großsyrien erhielt Faisal I. 1921 das Königreich Irak. Am 14. Juli 1958 wurde durch die Revolution im Irak König Faisal II. (reg. 1933–1958) ermordet und die Republik ausgerufen, an deren Spitze sich General Abd Al-Karim Kasim (1914–1963) stellte, der von Abd As-Salam Muhammad Arif (1920–1966) entmachtet wurde. Sein Bruder und Nachfolger Abd Ar-Rahman Arif (geb. 1916) wurde durch das Regime der nationalistischen Baath-Partei 1968 abgelöst. Seit 1979 ist Saddam Husain (geb. 1937) Staatspräsident.

Am Ende des Ersten Weltkrieges war Emir Abd Al-Asis Ibn Sa'ūd (1880–1953) Herr über das Gebiet des Nadschd und Umgebung; da er sich nicht am Krieg beteiligt hatte, waren seine Streitkräfte unverbraucht. So begann er, in Anbetracht des geringen Interesses der Alliierten an der arabischen Halbinsel, mit der Eroberung des Hedschas, wo Scherif Husain regierte, und der übrigen Gebiete des heutigen Saudi-Arabien, das im Jahre 1932 zum Königreich ausgerufen wurde. Zum Nachfolger des 1953 verstorbenen Reichsgründers wurde sein ältester Sohn Sa'ūd (reg. 1953–1964) bestimmt, der wegen seiner Schwäche von seinem Bruder Faisal (reg. 1964–1975) abgelöst wurde. Dieser fiel einem Attentat zum Opfer, so daß die Macht zunächst an Khalid (reg. 1975–1980) und 1982 an Fahd überging.

Die übrigen arabischen Staaten des Vorderen Orients kamen nach dem Ersten Weltkrieg unter britisches oder französisches Völkerbundsmandat. In Ägypten widersetzte sich bereits 1881 der erste arabische Oberst im Heer der Khediven, Ahmad Urabi Pascha (1839–1911), den diskriminierenden Maßnahmen gegenüber arabisch-ägyptischen Offizieren. Er erzwang 1882 die Einsetzung eines Parlaments und einer nationalistischen Regierung, in der er Kriegsminister wurde. Die daraufhin in Ägypten einrückenden britischen Truppen schlugen die ägyptische Armee und hielten das Land seit 1882 besetzt. Mustafa Kamil (1874–1908) gründete die Nationale Ägyptische Partei, und nach ihm waren Sa'd Saghlul (1860–1927), Gründer der Wafd-Partei, und seine Nachfolger weitere Vorreiter auf dem Wege der ägyptischen Unabhängigkeit, die erst 1952 mit der Absetzung des letzten Königs von Ägypten, Faruk (Regierungszeit

1936–1952), durch die „freien Offiziere" mit Ali Muhammad Nagib (1901–1984) und Gamal Abd-el Nasser (1918–1970) an der Spitze und mit der Aufkündigung aller früheren Verträge mit Großbritannien im Jahre 1956 Wirklichkeit wurde. Ägyptens Präsident Nasser spielte bei dem deutlichen Anwachsen des Selbstbewußtseins vieler Staaten der Dritten Welt eine besondere Rolle und versuchte, sich aus den Klauen einer privilegierten Beziehung zum Westen zu befreien. Israel rückte immer mehr in die Rolle des einzigen zuverlässigen Partners für die westliche Welt im Vorderen Orient. Frankreich machte Nasser für die algerische Krise verantwortlich; zusammen mit Großbritannien verband es sich mit Israel, um ihn zu entfernen.

Die Sueskrise, die daraus entstand, wurde jedoch nicht dadurch, sondern durch den Bau des großen Assuan-Staudammes ausgelöst, der die Bewässerungs- und Elektrifizierungsprobleme an den Nil-Gewässern lösen sollte. Als Antwort auf die Ablehnung der Westmächte, dieses Projekt zu finanzieren, nationalisierte Nasser den Sueskanal. Die Folge war, daß israelische Truppen bis zum Kanal vordrangen und Frankreich und Großbritannien, durch die Einmischung der UNO bloßgestellt, in Port-Said und Port-Fuad in aller Hast eine Landung durchführten. Sie blieben, heftig von den USA kritisiert, bis zum 22. Dezember 1956 am Kanal und mußten sich schließlich zurückziehen. Am 1. Januar 1957 kündigte Ägypten den Allianz-Pakt mit Großbritannien auf und wurde damit vollkommen unabhängig. Israel mußte alle eroberten Gebiete zurückgeben. Der Westen verlor den bedeutenden militärischen Stützpunkt am Sueskanal und viel Ansehen in der arabischen Welt, die sich zunehmend der Sowjetunion zuwandte. Der Kanal wurde Ende April 1957 wieder betriebsfähig. Durch den Sechstagekrieg 1967 kam es zu einer Blockade des Kanals, er wurde erst 1975 wieder eröffnet.

Nassers Erfolge machten aus ihm den unangefochtenen arabischen Führer. Syrien bildete aus Furcht vor linksgerichteten Gruppen im eigenen Lande im Februar 1958 mit Ägypten die Vereinigte Arabische Republik, die allerdings bereits Ende September 1961 durch die Revolution in Syrien wieder aufgelöst wurde. Der Grund dafür lag in der Nichtberücksichtigung der wirtschaftlichen Interessenlage Syriens und der panarabisch ausgerichteten Ideologie seiner Baath-Partei. 1970 nach dem Tode Nassers, der durch die Niederlage im Sechstagekrieg 1967 gegen Israel geschwächt und isoliert worden war, leitete sein Nachfolger Muhammad Anwar As-Sadat (1918 bis 1981) eine politische und wirtschaftliche Liberalisierung des Landes ein. Nach dem Oktober-Krieg von 1973 suchte er einen friedlichen Ausgleich mit dem Feind. Sein mutiger Besuch im November 1977 in Israel war der Auftakt israelisch-ägyptischer Friedensbemühungen, die ihm und dem damaligen israelischen Ministerpräsidenten Menachem Begin (1913–1992) 1978 den Friedensnobelpreis und den Friedensvertrag vom März 1979 einbrachten. Sadat fiel im Oktober 1981 einem Attentat zum Opfer. Sein Nachfolger, Husni Mubarak (geb. 1928), konnte die Isolation Ägyptens innerhalb der arabischen Welt als Folge des israelisch-ägyptischen Friedensvertrags überwinden und ist bemüht, im Lager der gemäßigten arabischen Kräfte Lösungen für die Krisenherde des Vorderen Orients zu finden.

Nach Palästina wanderten immer mehr Juden ein, vor allem nach der sogenannten Balfour-Deklaration, in der der britische Außenminister 1917 in einem Brief an den Zionistenführer Lord Rothschild britische Hilfe für die Gründung einer nationalen Heimstätte der Juden in Palästina zugesagt hatte. Bei der Verwirklichung dieses Vorhabens gab es aber vielerlei Hindernisse. Nachdem Frankreich im Februar 1919 auf Palästina zugunsten einer 25prozentigen Beteiligung am irakischen Öl verzichtet hatte, eroberte Feldmarschall Allenby, 1917–1918 Kommandant der britischen Streitkräfte in Palästina, nach Damaskus und Aleppo auch Jerusalem, so daß das Land 1920 unter britisches Völkerbundsmandat kam. Eine Zivilregierung mit einem britischen Hochkommissar an der Spitze wurde eingesetzt. Von da an verschlechterten sich die Beziehungen zwischen Arabern und Juden in der Region, und trotz vieler Unruhen von seiten der Araber entwickelte sich die Lage zugunsten der Juden und der Erfüllung der Balfour-Deklaration. Der Zweite Weltkrieg zerschlug die Pläne zur Lösung der anstehenden Probleme zwischen Arabern und Juden. Nach dem Holocaust erlaubte man seit 1945 den Juden wieder, nach Palästina einzuwandern. Im November 1947 arbeitete ein Ausschuß der UNO an einem Plan zur Teilung Palästinas in einen arabischen und einen jüdischen Staat. Eine Einigung konnte jedoch nicht erreicht werden, vor allem, weil Großbritannien die Zusammenarbeit mit dem internationalen Ausschuß mit der Begründung ablehnte, daß es allein über sein Mandatsgebiet zu bestimmen habe. Die verworrene Lage ermunterte die Juden dazu, den unentschlossenen Großmächten zuvorzukommen und mehrere Orte zu erobern. Im Mai 1948 wurde die britische Flagge eingeholt als Zeichen der Beendigung des britischen Mandats in Palästina, und David Ben Gurion (1886–1973) rief die Gründung des israelischen Staates aus.

Mit diesem neuen Staat und der Vertreibung der arabischen Palästinenser aus ihrer Heimat begann für den Vorderen Orient eine Zeit größter Instabilität. Ohne Vertrag vereinbarten nämlich jordanische und zionistische Vertreter, die Geburt eines arabisch-palästinensischen Staates im Keime zu ersticken, was einen langen Konflikt hervorrufen sollte, der eine Reihe israelisch-arabischer Kriege auslöste. Die erste bewaffnete Auseinandersetzung begann bereits im Dezember 1947 auf Befehl des Mufti von Jerusalem, Amin al-Husaini (1895–1974), mit einem palästinensischen Generalstreik, auf den heftige Zusammenstöße mit den jüdischen Einwohnern folgten. Anfangs zögerten die Juden, massiv zuzuschlagen, weil sie die sich aus dem Lande zurückziehenden britischen Soldaten fürchteten. Zunehmend aber unternahmen sie größere Offensiven. Der Abzug der Briten und die Flucht der palästinensischen Anführer beschleunigten die Auflösung der palästinensischen Gesellschaft. Der massive Exodus trug zum schnellen Fall der arabischen Städte bei. Die arabischen Staaten waren einerseits den Absichten des transjordanischen Königs Abdullah (reg. 1946–1951) gegenüber mißtrauisch, der mit den Juden Palästina teilen wollte und den sie des Verrats an den Palästinensern bezichtigten, andererseits durch interne wirtschaftliche, militärische und andere Schwächen nicht in der Lage, wirkungsvoll in Palästina aufzutreten. Am 17. September 1948 wurde der UNO-Vermittler Graf F. Bernadotte (1895–1948) ermordet, was die Lage noch mehr komplizierte. Zu Transjordanien erhielt Abdullah Westjordanien mit Ost-Jerusalem und ließ palästinensische Vertreter am 1. November 1948 die Union zwischen beiden Teilen verabschieden, die nun das Territorium des Haschimitischen Königreichs von Jordanien bis zum Sechs-Tage-Krieg von 1967 bildeten. Kein Versuch glückte, die zahlreicher gewordenen Flüchtlinge in ihre Heimat zurückzubringen. Der König, auch im eigenen Lager isoliert, wurde am 20. Juli 1951 in der al-Aksa-

Moschee in Jerusalem ermordet. Sein Sohn und Nachfolger mußte 1952 wegen eines Nervenleidens abdanken und seitdem regiert König Husain II., der in Folge der Niederlage von 1967 sowohl die Altstadt von Jerusalem als auch die West-Bank (Westjordanien) an Israel verlor. Diese Teile gab er 1988 frei, so daß die PLO im November desselben Jahres in Tunis die Gründung eines palästinensischen Staates ausrufen konnte.

Durch die verschiedenen israelisch-arabischen Kriege trat das Problem der Palästinenser immer mehr ins Bewußtsein nicht nur der Araber, sondern auch der Weltorganisationen. Der Sechstagekrieg war zunächst die Folge von Angriffen palästinensischer Kommandos und der syrischen Armee auf Israel, ausgelöst wurde er aber vor allem dadurch, daß Nasser der israelischen Schiffahrt die Benutzung der Meeresenge von Tiran verbot. Am 5. Juni 1967 starteten die Isrealis einen Überraschungsangriff und eroberten Westjordanien, Ost-Jerusalem, die syrischen Golan-Höhen, den Sinai und den Gaza-Streifen, die dem jüdischen Staat angegliedert wurden. In der UNO-Resolution 242 vom 22. November 1967 wurde der Staat Israel aufgefordert, diese Gebiete zurückzugeben, ihm aber gleichzeitig zuerkannt, in gesicherten und anerkannten Grenzen zu leben. Da diese Resolution nicht erfüllt wurde, war der Jom-Kippur-/Oktoberkrieg 1973 vorprogrammiert. Nassers Nachfolger Anwar As-Sadat (1918–81) bemühte sich vergebens um eine bewegliche Haltung der USA als Vermittler in der israelisch-arabischen Krise. So beschloß er mit Syriens Staatspräsident Hafis Al-Asad (seit 1971 Präsident) die Wiederaufnahme des bewaffneten Kampfes gegen Israel; er begann mit einem Überraschungsangriff. Durch die neuen sowjetischen Raketen konnten die Ägypter anfangs Erfolge erzielen bzw. den Israelis standhalten. Um die in Bedrängnis geratenen Syrer zu entlasten, entfernten sie sich aus der Reichweite des Schutzes ihrer Raketen und waren dadurch den Angriffen der israelischen Flugzeuge ausgeliefert. Am 17. Oktober 1973 griffen die arabischen Ölländer zur Ölwaffe (5prozentige monatl. Verringerung der Förderung und totales Embargo Saudi-Arabiens gegen die USA am 20. Oktober), als das Ausmaß der amerikanischen Waffenlieferungen an Israel durch eine Luftbrücke bekannt wurde. Eine Entflechtungsvereinbarung wurde mit Ägypten und darauf mit Syrien erreicht, die im September 1978 zu dem Abkommen von

Camp David zwischen Israel und Ägypten unter Vermittlung von US-Präsident Carter führte, ein Abkommen, das erst durch den spektakulären Besuch Sadats in Jerusalem am 19. November 1977 möglich wurde. Beide Länder nahmen zwar diplomatische Beziehungen auf, jedoch wurde der ägyptische Präsident in der arabischen Welt isoliert; am 6. Oktober 1981 wurde er ermordet.

Unter allen arabischen Staaten nahm Jordanien die meisten Flüchtlinge aus den von Israel besetzten Gebieten, vor allem aus dem Westjordanland, auf. Dadurch verschlechterte sich die wirtschaftliche Lage des Königreichs. Dazu hatte man Probleme mit den Kommandos, die in die besetzten Gebiete eindrangen, um ihre Heimat in ihren Besitz zurückzubringen. Ahmad al-Schukairi saß seit September 1963 als Vertreter der Palästinenser in der Arabischen Liga, die am Ende des Zweiten Weltkriegs (12. März 1945) gegründet wurde mit dem Ziel, die ursprüngliche Einheit der Araber zu verwirklichen; dennoch gründete in Amman ein jüngerer Palästinenser, Yasser Arafat (geb. 1929), im Jahre 1968 die neue PLO (Palestine Liberation Organization / Organisation für die Befreiung Palästinas), aus deren arabischen Initialen al-Fath (fälschlich als al-Fatah aus phonetischen Gründen im Umlauf) entstand. In diese neue PLO wurden alle übrigen palästinensischen Organisationen integriert, und sie dehnte ihre Aktivitäten auf viele Gebiete des zivilen und öffentlichen Lebens aus. In Jordanien wurde sie fast zu einem Staat im Staat. Die Zwischenfälle mit der jordanischen Armee und Polizei häuften sich, so daß ab 15. September 1970 heftige Kämpfe zwischen den Truppen des jordanischen Königs und der PLO ausbrachen, die als „Schwarzer September" bezeichnet werden.

In der Folge wurde der Libanon zum einzigen Land, in dem die aus Jordanien vertriebenen PLO-Kämpfer Bewegungsfreiheit besaßen. Von diesem Land aus begannen ähnliche Kommando-Operationen gegen Isreal. Die PLO hatte international 1974 Anerkennung gefunden und im Lande der Zedern ebenfalls einen Staat im Staat gebildet. Deswegen versuchte Israel, die Organisation und den libanesischen Staat gegeneinander aufzubringen: Das Land sollte destabilisiert werden, damit es sich gegen die Palästinenser wende. Ab 1973 wurde die Gewalt zum selbstverständlichen Tagesgeschehen, und ein blutiger Vorfall im April 1975 zwischen libanesischen Phalangen und Palästinensern stürzte das Land in den Bürgerkrieg. Der Bürgerkrieg bekam unlösbare Dimensionen, als zunächst eine syrische Intervention (18. Januar 1976), dann eine israelische Invasion des Landes (6. Juni 1982) erfolgte. Die israelischen Soldaten mußten sich allerdings unter dem Druck der israelischen und internationalen Öffentlichkeit aus dem Lande wieder zurückziehen.

Die PLO mußte ihr Hauptquartier von Beirut nach Tunis verlegen, verbuchte jedoch national wie international einen moralischen Erfolg, so daß sie direkt oder indirekt zur Konfliktlösung mit herangezogen werden mußte. Arafat gelang es, eine moderate Linie in der Organisation durchzusetzen; er versöhnte sich mit Jordanien und mit Syrien. Vor dem Hintergrund zunehmender Schwierigkeiten zwischen israelischer Besatzungsmacht und Palästinensern eskalierten die israelischen Repressionen, was im Dezember 1987 den palästinensischen Aufstand der Intifada (vom arabischen Verb: sich schütteln, sich erheben gegen) auslöste, der mit Steinwürfen gegen alles Jüdische begann und immer größere Ausmaße annahm. Nachdem König Husain die Verantwortung über das Westjordanland aufgegeben hatte, suchte Arafat immer mehr den Dialog mit Israel, der nach dem Zweiten Golfkrieg durch den Zusammenbruch der Sowjetunion und die Pendeldiplomatie von US-Außenminister Baker ermöglicht wurde. Eine Friedenskonferenz zwischen Israel, der PLO und den in den Krieg involvierten arabischen Ländern begann Ende Oktober 1991 in Madrid und wurde später in Washington fortgesetzt; die Aussichten auf eine Lösung sind besser geworden, seitdem die Arbeiterpartei in Israel im Juni 1992 die Wahlen gewann.

Der Golfkrieg, der am 1. August 1990 mit der Invasion Kuwaits durch die irakische Armee begann, wurde mit der weitgehenden Zerstörung der Infrastrukturen des Irak Anfang 1991 durch die USA und ihre europäischen und arabischen Verbündeten beendet. Dadurch, daß die PLO sich auf die Seite des Irak gestellt hatte, büßte sie nach der langsamen Rückkehr der Kuwaitis in ihre Heimat viel an Ansehen und Unterstützung ein. Im Januar 1993 fanden erneut Angriffe der Golf-Alliierten gegen den Irak wegen der Verletzung der Flugverbotszone statt.

Syrien und der Libanon sind als Nachbarn Israels sehr direkt von der palästinensischen Frage betroffen. Beide waren nach dem Ersten Weltkrieg als Staaten entstanden; Syrien mit Damaskus als Hauptstadt, wobei die Gegend von Iskenderun (Alexandrette) im Norden im Juni 1939 durch Frankreich an die Türkei zurückgegeben wurde. Syrien stand unter französischem Völkerbundsmandat von 1920 bis zur völligen Unabhängigkeit nach dem Zweiten Weltkrieg im Jahre 1946, nach dem Abzug der französischen Streitkräfte aus dieser Region. Die Jahre zwischen 1920 und 1926 waren für das Land die schwierigsten, u. a. auch durch den Drusenaufstand 1925. Die Drusen, eine esoterische schiitische Sekte, leben seit dem Mittelalter in Südost-Syrien, im Libanon und zu einem kleinen Teil auf den von Israel besetzten Golanhöhen in Südwest-Syrien; sie wehrten sich gegen das diskriminierende Verhalten des Delegierten des französischen Hochkommissars in Südsyrien und lehnten sich gegen die Mandatsmacht auf. Dies führte zu zehnjährigen Verhandlungen mit Frankreich. Nach seiner Unabhängigkeit erlebte Syrien durch mehrere militärische Staatsstreiche eine Zeit der Instabilität; der Forderung vor allem der sozialistischen Baath-Partei nachkommend, schloß es sich 1958 mit Ägypten zusammen, doch brach die so entstandene Vereinigte Arabische Republik bereits 1961 wieder auseinander. Seit 1963 ist die Baath-Partei wieder an der Regierung, jedoch nicht mehr der orthodoxe marxistische, sondern der pragmatische Flügel unter General Al-Asad (geb. 1928), der seit 1971 Staatspräsident ist. Syrien verlor im Juni-Krieg 1967 die Golanhöhen an Israel und blieb der Annäherung Ägyptens an Israel und dem 1988 ausgerufenen palästinensischen Staat gegenüber ablehnend. Im Libanon spielt Syrien eine bedeutende Rolle als Machtfaktor, mit dem jede der sich bekämpfenden Parteien zu rechnen hat; es unterstützte zunächst die christlichen Phalangen und danach die Palästinenser, wobei es immer mehr dem gemäßigteren Flügel unter den Schiiten, der Amal, zur Seite steht und zunehmend den Dialog mit Westeuropa und den USA sucht.

1920, unter französischem Mandat, entstand der Große Libanon. Seine Unabhängigkeit wurde Ende 1941 ausgerufen, 1945 bestätigt, aber erst nach Abzug der französischen Streitkräfte 1946 Wirklichkeit. Seitdem herrscht in Regierung und Verwaltung ein auf die verschiedenen Religionsgemeinschaften bezogenes Proporz-System, das von einem Großteil der Bevölkerung immer mehr in Frage gestellt wird. Jede Wahl des

Staatspräsidenten war mit Unruhen verbunden, zumal der Anteil der Christen an der Bevölkerung durch Emigration immer weiter zurückging und sich der Anteil der Muslime durch Immigration von Gastarbeitern aus arabischen Ländern und vor allem von Palästinensern, die seit 1948 und vermehrt seit 1970 ins Land strömten, ständig erhöhte. Sicherlich hat der Bürgerkrieg, der seit 1975 im Lande wütet, innerlibanesische Ursachen, aber der wichtigste Faktor sind nach Meinung aller Beobachter ohne Zweifel die Palästinenser im Land. Solange dieses Problem ungelöst bleibt, ist an eine Befriedung des Libanon nicht zu denken. Die syrische Regierung bestimmt zur Zeit die Politik im Libanon, der aber dadurch an Stabilität gewann.

Libyen, seit 1835 unter osmanischer Herrschaft, bestand aus drei Provinzen, die von einheimischen Stammesfürsten verwaltet wurden, an deren Spitze die Sanusiden, Anhänger einer Lehre, die auf Muḥammad Ibn ʿAli as-Sanūsī (1787–1859) zurückgeht. Im Ersten Weltkrieg kämpften die libyschen Stämme zunächst an der Seite der Türkei, da sie sich als strenggläubige Muslime der Aufforderung des Sultans nicht verschließen konnten. Als sie merkten, daß sie auf der Verliererseite standen, versuchten sie, mit Italienern und Briten zu verhandeln. Es entstand zunächst ein Emirat, und als Emir wurde ein Nachkomme Sanusis, Muhammad Idris As-Sanusi (1890–1983) eingesetzt, dessen Aufgabe es war, alle Provinzen zu vereinigen, jedoch nicht, bevor Italien das Land unter seine Herrschaft gebracht hatte. Im Zweiten Weltkrieg wurde Italien durch Großbritannien abgelöst; es entstand zunächst ein 1943–1951 von den Briten kontrolliertes Vereinigtes Libysches Königreich, doch der Einfluß der USA wurde immer mächtiger. König Idris I. (reg. 1950–1969) wurde Anfang September 1969 während eines Auslandsaufenthalts durch einen Militärputsch abgelöst. An der Spitze der neuen Republik, die seit dem Ende der siebziger Jahre den Namen Libysche Arabische Sozialistische Volksdschamahiria trägt, steht nach wie vor der Anführer des Putsches, Muammar Al-Gadhdhafi (geb. 1942). Wegen seiner Ölvorräte und seiner strategisch wichtigen Lage im Mittelmeerraum ist Libyen für den Westen von großer Bedeutung.

Die arabischen Staaten des westlichen Nordafrika (der Maghreb) waren eng mit der französischen Kolonialpolitik verbunden. Algerien war bereits seit 1830 unter französische Herrschaft gekommen. Emir Abd Al-Kadir (1808–1883) rief zum nationalen Widerstand gegen die Besatzungsmacht auf und setzte sich in seinem Exil in Damaskus auch für die verfolgten Christen im Libanon (anläßlich der Drusen-Massaker von 1860) besonders ein. Frankreich band Algerien sehr eng an sich und diese Assimilationspolitik führte zu immer heftigerer Gegenwehr von seiten der Algerier. Anfang der 1950er Jahre brach eine Revolution aus, die für eine totale Befreiung des Landes kämpfte. Dieser algerische Befreiungskrieg währte von 1954 bis 1962. In den Jahren 1955–1956 beschäftigte sich die UNO mit der algerischen Frage. Am 9. September 1958 wurde die provisorische Regierung der Algerischen Republik in Kairo, mit Farhat Abbas als Präsidenten, ausgerufen, mit der Frankreich unter Staatspräsident Charles de Gaulle den Vertrag von Évian-les-Bains aushandelte, der – durch ein Referendum in Frankreich gebilligt – Algerien am 1. Juli 1962 die staatliche Unabhängigkeit brachte. Mohammed Ben Bella (geb. 1916 od. 1919) wurde 1963 zum Staatspräsidenten gewählt und 1965 von Houari Boumedienne (1927–1978) durch einen Staatsstreich abgelöst. Dieser verstaatlichte die französischen Gesellschaften und betrieb eine planwirtschaftliche und antiimperialistische Politik. Nach dem Tode Boumediennes wurde der frühere Oberst Ben Dschadid Schadli (geb. 1929) 1979 zum Staatspräsidenten gewählt, der einen wirtschaftlich pragmatischen Kurs einschlug. Nach heftigen Unruhen im Lande, die vor allem wirtschaftliche Mißstände als Ursache hatten, wurde er im Dezember 1988 zum zweiten Mal in seinem Amt bestätigt. Bereits beim ersten Wahlgang der Parlamentswahlen am 26. Dezember 1991, in deren Vorfeld es zu blutigen Auseinandersetzungen gekommen war, hatten die in der ›Islamischen Heilsfront‹ zusammengeschlossenen islamischen Kräfte nahezu die absolute Mehrheit der Abgeordnetensitze gewonnen. Nach dem überraschenden Rücktritt von Staatspräsident Ben Dschadid Schadli am 12. Januar 1992 übernahm ein Oberster Sicherheitsrat die Macht, der zunächst den für den 16. Januar angesetzten zweiten Wahlgang der Parlamentswahlen suspendierte. Nach blutigen Zusammenstößen zwischen Anhängern der Islamischen Heilsfront und staatlichen Sicherheitskräften wurde der Ausnahmezustand verhängt, mehr als 5000 Islamisten festgenommen und die Islamische Heilsfront aufgelöst. Der vom Obersten Sicherheitsrat eingesetzte Staatspräsident Mohammed Boudiaf fiel am 29. Juni 1992 einem Attentat zum Opfer.

Tunesien stand unter der Herrschaft von Beis (Plural von Bei), theoretisch dem osmanischen Sultan unterworfen, bis 1881 Frankreich infolge der hohen Verschuldung des Landes Truppen von Algerien aus einrücken ließ. Seitdem stand Tunesien unter französischer Kontrolle und wurde 1883 französisches Protektorat. Nach dem Vorbild der Jungtürken bildete sich 1908 eine erste nationalistische Widerstandsgruppe und 1920 schloß sich die einheimische Führungsschicht in der Destur-Partei zusammen, die eine Verbesserung des rechtlichen Status der Bewohner, eine Verfassung und die Unabhängigkeit des Landes forderte. Habib Burgiba (geb. 1903) gründete 1934 die zu Kompromissen nicht bereite Neo-Destur-Partei und stand an der Spitze der Unabhängigkeitsbewegung seines Landes. 1955 führte er mit Frankreich Verhandlungen, in denen als Gegenleistung für die Autonomie Tunesiens Frankreich Sonderrechte eingeräumt wurden. Burgiba, der mehrmals in Haft genommen wurde, konnte sich gegen radikalere Widersacher in der eigenen Partei durchsetzen und wurde am 15. April 1956 zum Ministerpräsidenten gewählt. Am 25. Juli 1957 setzte das Parlament den letzten Bei von Tunis ab, erklärte Tunesien zur Republik und wählte Burgiba zum ersten Staatspräsidenten. Die Auseinandersetzungen mit der früheren Kolonialmacht gingen dennoch weiter, insbesondere da Tunesien von 1958–1962 Sitz der algerischen Exilregierung war und 1964 die französischen Farmer enteignete. Seit 1968 entspannten sich die Beziehungen zwischen beiden Staaten. Tunesien lehnte sich in dem Maße immer enger an den Westen an, in dem es die Politik Nassers ablehnte und sich den Vereinigungsversuchen Libyens widersetzte. Eine 1974 vereinbarte Vereinigung zwischen beiden Ländern wurde wenige Tage nach ihrer Ankündigung widerrufen. 1977–1990 war Tunis Sitz der Arabischen Liga (seit 1990 wieder Kairo). Burgiba wurde am 18. März 1975 durch eine Verfassungsänderung zum Präsidenten auf Lebenszeit gewählt. Im Jahre 1987 wurde er durch einen Putsch von seinem früheren Innenminister Sain Al-Abidin Ibn Ali (geb. 1936) entmachtet, der seitdem Burgibas gemäßigte Politik, jedoch ohne dessen Personenkult, weiterführt.

Marokko wird von der Dynastie der Hassaniden seit 1669 regiert. Seit dem 16. Jahrhundert unterhielt es enge politische Beziehungen zu Frankreich, die 1904 durch ein Abkommen gefestigt wurden. Trotz starker Proteste, vor allem von seiten Deutschlands, wurde Marokko 1912 französisches Protektorat. Spanien erhielt das Rifgebiet. Tanger wurde internationalisiert. Durch den Aufstand der Rifkabylen (1919–26) kam Spanien in große Schwierigkeiten, aber auch Frankreich spürte den Widerstand gegen seine Politik. Nachdem die Verschärfung der Gegensätze und die Vermehrung des städtischen Proletariats zu Unruhen geführt hatten, verbannten die Franzosen 1953 Sultan Muhammad V. (1909–1961), mußten ihn aber 1955 unter dem Druck der Bevölkerung wieder zurückholen. 1955 und 1956 wurden das spanische und das französische Protektorat aufgehoben; im März 1956 erlangte Marokko seine Unabhängigkeit und wurde 1957 zum Königreich proklamiert. Auf Muhammad V. folgte 1961 sein Sohn Hasan II. (geb. 1929).

2. Die übrige islamische Welt

In diesem Kapitel kann auf keinen Fall erwartet werden, daß ausführlich über die nichtarabische islamische Welt gesprochen wird, da dies in einem so kleinen Rahmen weder möglich noch beabsichtigt ist (s. Vorwort). Da man jedoch seit vielen Jahren vom Islam als kommender Macht in den islamischen Regionen der Dritten Welt spricht, sollen ein paar Gedanken über einige Länder, vor allem die Türkei und den Iran, ausgeführt werden, die deren Bedeutung für die übrige islamische Welt untermauern sollen. Vorab soll aber betont werden, daß man heutzutage vom Phänomen Islam spricht, als sei dies ein und dieselbe Formel, gleichgültig von welchen Kontinenten und Regionen die Rede ist.

In Afrika ist heute ein Bewohner von zwei Muslim, das bedeutet mehr als 250 Mio. Einwohner. Hier soll nur von Schwarzafrika die Rede sein, das vom 7. Jh. n. Chr. an nach und nach islamisiert wurde, wobei die Islamisierung in Zentral- und Westafrika viel später vor sich ging, und zwar mit einem Teil Asiens etwa im 15. Jahrhundert. Das Interesse der islamischen Herrscher lag darin, von diesem Kontinent Arbeiter und Soldaten zu bekommen, die wirtschaftlich und militärisch von Bedeutung waren. Durch Annahme des Islam wurden die Sklaven frei und hatten Anspruch auf Gleichstellung innerhalb der islamischen Gemeinde. Doch, obwohl der Islam sowohl in „seiner Lehre als auch in der Wirklichkeit" für die Abschaffung der Sklaverei eintrat, ist dies erst in uns näheren Zeiten Realität geworden (s. dazu EI^2, I, 25 ff., unter *'abd*-Sklave). Der Islam hat trotz vieler Aufstände von Schwarzafrikanern, die, beginnend mit der Abbasidenzeit in Bagdad, immer wieder stattfanden, durch die Unkompliziertheit und eine größere Elastizität seiner religiösen Ansätze viel leichter als das Christentum in Afrika Fuß fassen und Verbreitung finden können, wobei auch der Katholizismus in den letzten Jahren um 55 Mio. Anhänger verzeichnen konnte. Das Problem des Islam in Schwarzafrika bleibt jedoch an erster Stelle ein Problem der unterentwickelten Dritten Welt, in der jede Linderung verschaffende Ideologie bei den Massen der Bevölkerung riesige Erfolge verbuchen kann. Grundsätzlich fühlen sich die Afrikaner aber als Opfer nicht nur der alten sondern auch der neuen Zeiten.

In Asien bilden die Muslime die stärkste islamische Gruppe der Welt – mehr als 600 Mio., von denen ein beträchtlicher Teil in Indien beheimatet ist. Es fällt schwer, hier eine globale Beschreibung der Verhältnisse zu skizzieren, da die islamischen Gemeinden vielfarbig und von den lokalen Verhältnissen der jeweiligen Länder beeinflußt sind, in denen sie als Minderheiten auftreten. Man kann im allgemeinen doch die Feststellung treffen, daß der Islam außerhalb des Mittleren Ostens in Westeuropa und speziell in Deutschland sehr wenig Beachtung findet. Dies gilt selbstverständlich auch für die infolge des Zusammenbruchs der Sowjetunion 1991 unabhängig gewordenen islamischen Republiken, welche vor riesigen Problemen vor allem in der Wirtschaft stehen, wie übrigens alle ehemaligen Sowjetrepubliken, die die GUS – Gemeinschaft Unabhängiger Staaten – gebildet haben. Zunehmend geraten sie in den Einflußbereich reicher oder reicherer islamischer Ölländer, was nicht ohne Folgen für die Betonung ihrer islamischen Identität bleiben dürfte. Hier wie anderswo gibt es explosive Situationen, die durch die Verschlechterung der wirtschaftlichen Verhältnisse verschärft werden. Man denke z. B. an die blutigen Auseinandersetzungen größeren Ausmaßes im indischen Ayodhya mit der dortigen islamischen Minderheit, die mit dem Abriß der seit mehreren Jahrhunderten gebauten Moschee einen Höhepunkt erreichten und bei uns kaum zur Kenntnis genommen wurden. Die Lage in den Ländern Afghanistan, Bangladesch und Pakistan, wo der Islam eine sehr starke Mehrheit darstellt, und in Indonesien, wo er noch stärker ist, ist weniger problematisch als in anderen Gebieten, wo die Muslime in der Minderheit sind. Das islamische Pakistan beispielsweise sollte man nicht zur Einflußsphäre Südostasiens zählen, da das Land religiös, aber auch kulturell eigentlich nach den westlichen islamischen Ländern orientiert ist, von denen es die Hauptimpulse auf den o. a. Gebieten bekommt.

In Afghanistan bekämpfen sich Islamisten und Traditionalisten unter den Parteien des Widerstands, nachdem sich die Diktatur infolge des Abzuges der sowjetischen Truppen aufgelöst hat. Die Sunniten bilden im Lande die Mehrheit der Bevölkerung, so daß ein gemäßigter Vertreter des Widerstands wie Mas'ūd wenig Aussicht darauf hat, das Land eines Tages – selbst nach einem Sieg über seine sunnitischen Rivalen (wie z. B. Hekmatyar) – als Staatsoberhaupt führen zu können.

In Pakistan jedoch spürt man in dieser Region der östlichen islamischen Welt am deutlichsten den Rückgriff auf islamisch legitimierende Ansätze. General Zia Ul Ḥakk, der Zulfikar Ali Bhutto 1977 gestürzt hatte, wollte sich von Geistlichen legitimieren lassen, wobei er vom Anfang seiner Machtübernahme an den islamischen Charakter seines Landes betonte und in den Sog mystisch-charismatischer Vorstellungen geriet. Das von ihm und seinen islamistischen Unterstützern in Kraft gesetzte ›islamische System‹ konnte die Schwierigkeiten und Krisen des Landes nicht lösen; die Freiheiten wurden eingeschränkt, wenn nicht manchmal vollkommen unterdrückt. Die 1988 frei gewählte Ministerpräsidentin Benazir Bhutto, die Tochter Zulfikar Ali Bhuttos, wurde 1990 unter dem Vorwurf der Korruption abgesetzt; ihr gelingt es bis jetzt nicht, sich im Lande wieder Geltung zu verschaffen. Pakistan mußte als immer intensiver islamisch geprägter Staat nach reicheren islamischen Ländern wie Saudi-Arabien blicken, jedoch paradoxerweise auch nach der westlichen Welt, für die das Land als strategisch wichtige Region erschien. Diese Bedeutung nahm jedoch seit der Auflösung der Sowjetunion erheblich ab.

Außerhalb der arabischen Welt bleiben die zum klassischen Islam gehörenden beiden Länder Türkei und Iran von entscheidender Bedeutung für den Westen, insbesondere auch für Deutschland.

Die Türkei wollte ihr moderner Begründer Kemal Atatürk auf den Weg der Säkularisierung bringen, wie oben in Kapitel IX dargestellt. Dies hatte ihm damals viele Feinde in der islamischen Welt und selbstverständlich im eigenen Lager verschafft. Solange er am Leben war, konnte er seine drastischen Reformen durchsetzen, jedoch erwies sich nach seinem Tod, wie oberflächlich sie die Strukturen des islamischen Staates beeinflußt hatten. Das diktatorische Regime Atatürks ließ demokratischen Parteien keine Entfaltungsmöglichkeiten, so daß sich erst mit dem Ende des Zweiten Weltkriegs ein politischer Pluralismus entwickelte. Hierzu zwangen einerseits die allgemeine, durch zunehmende wirtschaftliche Schwierigkeiten verursachte Unzufriedenheit der Bevölkerung, andererseits der Wunsch des Nachfolgers Atatürks, Ismet Inönü, sich der Linie der demokratischen Siegermächte anzupassen. Diese Demokratisierungstendenz hatte u. a. zur Folge, daß die Geistlichen sich wieder zu artikulieren begannen, so daß die religiöse Frage zu den wichtigsten Kampfthemen der Opposition wurde. Die Reformen kamen ins Schußfeld der Traditionalisten, wobei kleinere religiöse Gruppen zu unkontrollierten Handlungen verleitet wurden.

Die Wahlen von 1950 brachten die Demokratische Partei an die Macht und damit eine echte Reislamisierung, darunter die Aufhebung des Verbots, in arabischer Sprache zum Gebet zu rufen. Der Moscheenbau sowie die Verbreitung eines integralistischen Religionsverständnisses nahmen zu. Die allgemeine Entwicklung der Türkei blieb jedoch den noch geltenden Reformen und, im ganzen gesehen, dem eingeschlagenen Weg Atatürks günstig. Sobald aber die Armee festgestellt hatte, daß gerade hierüber die Auseinandersetzungen mit den extremistischen Gruppen ein beunruhigendes Ausmaß angenommen hatten, übernahm sie 1960 mit General Cemal Gürsel an der Spitze in einem Staatsstreich die Macht, um die kemalistischen Reformen zu schützen. Die Offiziere riefen die Zivilisten, denen sie die Macht im nachhinein wieder zurückgaben, dazu auf, religiöse Fragen fern von der Politik zu belassen. Dies wirkte jedoch nur kurz, da die Gerechtigkeitspartei, die in der Nachfolge der Demokratischen Partei gegründet worden war und seit 1965 regierte, dieses Versprechen nicht einhielt, ohne jedoch die neue Verfassung zu verletzen. Die islamistischen Kräfte konnten so im Laufe der 60er Jahre freien Lauf nehmen und mit der Nationalen Heilspartei Anfang 1970 eine eigene Partei unter Necmettin Erbakan ins Leben rufen, welche für die Unabhängigkeit dem Westen gegenüber und die Schaffung einer wirtschaftlichen islamischen Gemeinschaft kämpfte, in der die Türkei eine führende Rolle spielen würde. Mit den 70er Jahren erlebte die Reislamisierung der Institutionen, auch der Lehrprogramme, ein bis dahin nicht gekanntes Ausmaß, worauf sich die Armee erneut zu Wort meldete, um mit der Machtübernahme durch General Kenan Evren 1980 die Lage zugunsten der kemalistischen Linie zu verändern. Nichtsdestoweniger nahm die Welle der Reislamisierung in der Türkei zu, und die islamische religiöse Freiheit ist auf allen Gebieten so verwirklicht worden, daß die Islamisten durch die Errungenschaften vor allem der iranischen Revolution in ihren Forderungen immer waghalsiger wurden.

Am Beispiel des Iran sieht man noch deutlicher, welche Kraft die Religion des Islam auf die Bevölkerung ausübt, und wie eine mit Gewalt durchgeführte Modernisierung zum Scheitern verurteilt war. Reza Khan gründete 1925 die Pahlevi-Monarchie und wollte von Anfang an das Land modernisieren. Auch der Sohn Mohammed Reza hatte sich, als er 1941 den Thron seines Vaters bestieg, vorgenommen, die Modernisierung fortzusetzen, wobei er – wie sein Vorgänger – gegen die Geistlichen hart vorging, die gegen seine Zusammenarbeit mit dem Westen, insbesondere mit den USA kämpften. Zwar vereinigten die Begründer des neuen Persien, die zwischen 1501 und 1722 herrschenden Safawiden (als Stellvertreter des entrückten, zu erwartenden Schiiten-Imam) Politisches mit Geistlichem, doch wurde dies von den iranischen Religionsgelehrten vom 17. Jahrhundert an immer mehr bezweifelt, die dann die religiöse Gewalt für sich behaupteten. Der nächsten Dynastie, den Kadscharen (1794–1925), gelang es unter Agha Mohammed, das Land wieder zu einer Einigung zu führen, jedoch erlebte es eine unruhige Zeit der Umwälzungen und der Aufstände. Dies führte zu einer zunehmenden Einmischung der Großmächte Rußland und Großbritannien und zur Teilung des Landes in Einflußsphären dieser Mächte.

Um der unruhigen Vergangenheit ein Ende zu setzen, wollten der Begründer der Pahlevi-Dynastie, und mehr noch sein Sohn, aus dem Iran einen modernen, starken Staat bilden, indem sie die Industrialisierung mit allen Mitteln vorantrieben. Dabei bekamen sie die Unterstützung der westlichen Welt: von den westeuropäischen Staaten (vor allem Großbritannien, Frankreich und Bundesrepublik Deutschland), die das Öl benötigten und Waffen verkauften, aus den USA moderne Waffen und Berater auf allen Ebenen. Schah Mohammed Reza, vom Willen nach entschlossener Modernisierung und nach Größe getrieben, prägte so die Staatsstrukturen und schuf sich eine starke, moderne Armee. Unbeabsichtigt trug er dazu bei, daß der Islam in seinem Land eine Wiederbelebung erfuhr: Er wollte sein Regierungsprogramm mit Gewalt durchsetzen, auch gegen die Ayatollahs (eigentlich: = Zeichen Gottes), deren Stellung in der Gesellschaft er abzuwerten suchte. Erniedrigt, verfolgt, taten diese letzteren alles, um sich dagegen zu wehren, so daß ihre Revolution 1978 die islamischen Massen hinter sich bringen konnte und im Februar 1979 ihren Höhepunkt im Sturz der Monarchie fand: Mit den Anhängern des in der Bevölkerung verhaßten Schah-Regimes wurde kurzer Prozeß gemacht.

Seitdem wendet sich bei jeder inneren Schwierigkeit der Zorn vor allem gegen die USA, die immer noch als großer Satan empfunden werden und die durch die Geiselnahme in der Teheraner US-Botschaft Anfang November 1979 bis Januar 1981 besonders erniedrigt und bestraft werden sollten. Inzwischen ist der charismatische Führer, Imam Khomeiny, verstorben und die große Schlagkraft der Islamischen Revolution scheint nicht mehr so stark wie einst zu sein. Der verlustreiche Golfkrieg zwischen Iran und Irak ließ beide Länder, v. a. Iran bluten; die wirtschaftliche Realität zwang die Nachfolger Khomeinys zum Dialog mit dem Westen, der in der offiziellen iranischen Propaganda verhaßt bleibt.

Es ist jedoch zu bemerken, daß die islamische Wirklichkeit des iranischen Regimes kein Modell für andere islamische Länder sein kann, da diese sunnitisch geprägt sind und daher andere Schwerpunkte bei der Vertretung der religiösen Ansätze in der Politik aufweisen. Dennoch bleibt die iranische Wirklichkeit des Regierungssystems als Vorbild im Raum, das zum Nachahmen verlockt. Die Religion, die Politik macht, mit welchen Vorstellungen auch immer – dies gibt vielen militanten islamischen Gruppen oder Parteien Kraft; diese wollen einen islamisch regierten Staat in ihrem Land errichten, in dem die Geistlichen als beste Vertreter der Bevölkerungsinteressen die Regierung in Händen halten. Von den Westmächten wollen diese Gruppen nichts mehr wissen. Das bringt eine große Gefahr für die Zukunft der Beziehungen zwischen islamischen Ländern und dem Abendland mit sich, auch für die islamischen Länder, die mit dem Abendland engagierter zusammenarbeiten – es sei denn die wirtschaftliche Lage in diesen Ländern entspannt sich, und die westliche Welt entwickelt eine Zusammenarbeit auf neuer Basis mit den Ländern der Dritten Welt.

Nachwort

Die Auswanderung von Intellektuellen und Fachleuten: Wissenschaft und Freiheit

Die Dritte Welt beklagt seit langem die Auswanderung vieler ihrer Intellektuellen und Fachleute, ohne daß gegengesteuert wird. Hier soll zunächst kurz auf die Stellung der Wissenschaft in der klassisch-islamischen Welt eingegangen werden, bevor das Problem in der Diskussion vor allem der Nachkriegszeit dargestellt wird. Wir sahen in Kapitel IV, wie der Islam – sich auf den Koran stützend – mit der Entfaltung einer religiös geprägten Wissenschaft begann, auf die eine in Kapitel V analysierte tiefere und weltrevolutionierende folgte. Wissen und Wissenschaft bildeten eine enge Einheit, die in der arabischen Sprache durch das gleiche Wort zur Bezeichnung beider Begriffe zum Ausdruck gebracht wurde: ‘ilm (Wissen / Wissenschaft), ein Verbalsubstantiv vom Verb ‘alima (wissen, kennen, erfahren, erkennen, usw.).

Die Muslime wurden von Anfang an aufgefordert, sich mit dem Koran und seinen Inhalten zu beschäftigen, und so entstanden die Wissenschaften (s. Kapitel IV). Eine riesige Bereicherung erfuhr die religiös geprägte Kultur des Islam durch ihre Öffnung in Richtung der persischen, insbesondere aber der altgriechischen Kultur. Daß die Übernahme fremden Kulturgutes durch ein sehr religiös geprägtes Herrschaftssystem (s. Kapitel III) nicht ohne Konflikte vor sich gehen konnte, liegt auf der Hand. Jedoch kann man feststellen, daß, mindestens so lange wie die Wissenschaften blühten und das sie tragende Prinzip des Idschtihād/der Befleißigung maßgebend blieb, die meisten Probleme, die die Religion in ihrem Verhältnis zu den Wissenschaften betreffen, vor allem Tradition und Modernismus, Anpassung an neu entstandene, lebenswichtige Situationen, von vielen islamischen Gelehrten mehr oder weniger diskutiert wurden. So ist die heute immer wieder gestellte Frage, ob islamische Religion und Wissenschaften miteinander zu vereinbaren sind, dadurch positiv beantwortet, daß der Islam innerhalb kurzer Zeit mit einer erstaunlichen Wendigkeit die o. a. Zivilisationen – vermittelt durch von islamischen Herrschern dafür ausgewählte Christen – übernahm und weiterentwickelte. Große

Werke der islamischen Vergangenheit könnten Skeptiker belehren und als Wegweiser in schwierigen Fragen dienen.

Die Lage der arabisch geprägten Kultur des Islam entwikkelte sich immer negativer, je mehr man sich in der Wissenschaft von den alten Prinzipien entfernte, die die Wissenschaftlichkeit garantierten (s. Kapitel VII). Die moderne Renaissance leistete Großes, um das kulturelle Tief zu überwinden. Seit Jahren ist aber eine Stagnation in der wissenschaftlichen Entwicklung zu beobachten, trotz vieler kompetenter Wissenschaftler in der arabischen und islamischen Welt. Der Exodus von Intellektuellen und Fachleuten in Richtung Amerika und Westeuropa reißt nicht ab. Im Libanon hatte er viel früher eingesetzt als anderswo, wie wir bei einigen Autoren des sogenannten Mahdschar/der Emigration sahen, und zwar sowohl aus wirtschaftlichen Gründen als auch aus dem Verlangen nach Freiheit. Inzwischen verfügen wir über ausführlichere Studien zum Phänomen der Auswanderung und zum Beitrag der Emigranten in ihrer alten und neuen Heimat. Die Auswanderung von Fachkräften, vor allem von Akademikern aus vielen Ländern der arabischen und islamischen Welt nimmt immer größere Ausmaße an. Mehr und mehr Bücher kommen auf den Markt, die die Ursachen darstellen und Abhilfe empfehlen.

In Westeuropa wurde das Problem der eigenen Emigration mehr oder weniger ausführlich und befriedigend von seiten einiger Regierungen untersucht, und Maßnahmen wurden dagegen ergriffen. In den siebziger Jahren begann man im Orient verläßlichere Untersuchen zu diesem Thema zu veröffentlichen: Die Zahlen aus den Statistiken des Jahres 1972 bezüglich der Auswanderer unter den Akademikern und der geistigen Elite dieser Länder können nur erschrecken: Obwohl die Emigration Vorteile bietet, bringt sie – langfristig betrachtet – große Nachteile für die Wissenschaft und die gesamte Entwicklung in den einzelnen Ländern, wobei der Zugriff auf fremde Fachleute auf Dauer keine Lösung darstellt. Die zum Teil sehr gut ausgebildeten Fachkräfte sowie die Intellektuellen müssen zum Verbleiben in ihrer Heimat ermuntert werden. Attraktivere finanzielle Angebote an die Spezialisten sowie Reformen in der Wirtschaft, in den Lehrinstitutionen und -methoden in der Berufsausbildung sind notwendig. Eine viel neuere Studie von Abdellah Boudahrain (Nouvel ordre social et migrations dans le cadre du monde arabe et de l'espace euro-arabe, Paris 1985, S. 7) stellt fest, daß sogar ein juristischer Rahmen fehlt, der auf internationaler Ebene das Problem der Auswanderung reglementiert. Heute, nach dem totalen wirtschaftlichen Zusammenbruch vieler Länder sind radikale Reformen nötig in Richtung freierer Marktwirtschaft und auch mehr geistiger Freiheit. Der Verlust der Unabhängigkeit im Denken, vor allem in der Wissenschaft, muß kompensiert werden, damit sich nicht eine verhängnisvolle Tendenz zum isolierten wissenschaftlichen Denken breit macht, die im Gegensatz zur klassischen wissenschaftlichen Tradition des Islam steht.

Gerade auf diesem Gebiet ist der Beitrag von Ṭāhā Ḥusain von außergewöhnlicher Bedeutung: durch Wissen geistige Barrieren abbauen und die Übereinstimmung in den Wissenschaften in den verschiedenen Kulturen und Kontinenten sichtbar machen. Dieses Ziel kann allerdings nicht ohne wissenschaftliche Freiheit erreicht werden. Nicht nur die Wirtschaft braucht Freiheit und Mittel zu ihrer Entwicklung. Dasselbe gilt besonders für die Wissenschaftler. Sie brauchen den freien geistigen Austausch mit anderen Wissenschaftlern und freien Zugang zu allen Quellen. Qualifizierten, im Ausland ausgebildeten Wissenschaftlern dürfen in ihren Heimatländern die Hände nicht so gebunden werden, daß sie viele Normen ihrer früheren Ausbildung aufgeben müssen. Das Prinzip des Idschtihād/der Befleißigung müßte, auf das geistig-geistliche Leben, folglich auch auf die Wissenschaft angewandt, selbstverständlich bedeuten, die islamische Tradition und Kultur sowie die Wissenschaft zu bereichern und weiter zu entwickeln.

Im Islam existieren liberale Traditionen und liberale Gelehrte, die im Sinne von Muḥammad 'Abduh weiterarbeiten und sich für die von ihm eingeleiteten Reformen einsetzen. Sie bejahen und fördern die Freiheit des Geistes, jedoch mit wenig oder keinem Erfolg. Ein Weg aus der Stagnation der wissenschaftlichen Entwicklung der arabisch-islamischen Welt kann nur gefunden werden, wenn sich Tradition und Fortschritt nicht weiter bekämpfen und gegenseitig lähmen. In der Zeit der großen Veränderungen der Gesellschaft und der riesigen demographischen und wirtschaftlichen Probleme vor allem der Dritten Welt ist Entwicklung ein Gebot der Stunde – in der Tradition der klassischen Kultur des Islam.

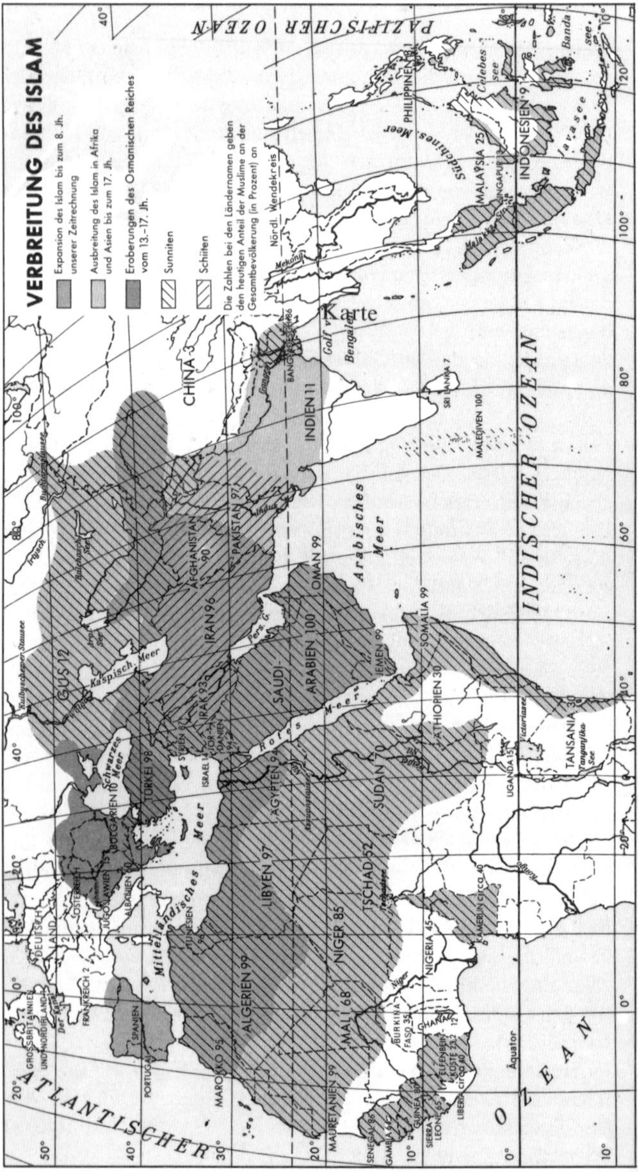

VERBREITUNG DES ISLAM
Expansion des Islam bis zum 8. Jh. unserer Zeitrechnung
Ausbreitung des Islam in Afrika und Asien bis zum 17. Jh.
Eroberungen des Osmanischen Reiches vom 13.–17. Jh.
Sunniten
Schiiten
Die Zahlen bei den Ländernamen geben den heutigen Anteil der Muslime an der Gesamtbevölkerung (in Prozent) an
ATLANTISCHER OZEAN
INDISCHER OZEAN
PAZIFISCHER OZEAN
Mittelländisches Meer
Schwarzes Meer
Kaspisch. Meer
Rotes Meer
Arabisches Meer
Golf v. Bengalen
Südchines. Meer
Javasee
Celebessee
Bandasee
Pers. G.
Aralsee
Balchaschsee
Nördl. Wendekreis
Äquator
GROSSBRITANNIEN UND NORDIRLAND 2
FRANKREICH 2
DEUTSCHLAND 2
ÖSTERREICH 2
SPANIEN
PORTUGAL
JUGOSLAWIEN 15
ALBANIEN 70
BULGARIEN 10
TÜRKEI 98
GUS 12
SYRIEN 87
ISRAEL 14
JORDANIEN 94
IRAK 93
IRAN 96
AFGHANISTAN 90
PAKISTAN 97
INDIEN 11
CHINA 3
BANGLADESCH 86
SRI LANKA 7
MALEDIVEN 100
MALAYSIA 25
SINGAPUR 13
INDONESIEN 91
PHILIPPINEN 8
SAUDI ARABIEN 100
OMAN 99
JEMEN 99
SOMALIA 99
ÄTHIOPIEN 30
ÄGYPTEN 94
SUDAN 70
TANSANIA 30
UGANDA 15
LIBYEN 97
TUNESIEN 95
ALGERIEN 99
MAROKKO 95
MAURETANIEN 99
MALI 68
NIGER 85
TSCHAD 52
NIGERIA 45
KAMERUN circa 40
BURKINA FASO 35
GHANA 12
ELFENBEINKÜSTE 23,2
LIBERIA circa 40
SIERRA LEONE 65
GUINEA 80
SENEGAL 86
GAMBIA 85
Niger
Kongo
Indus
Ganges
Mekong
Nil

Chronologische Übersicht

Die Abessiner greifen Mekka an	570
Geburt des Propheten Mohammed	570
Beginn der koranischen Offenbarung in Mekka	610
Hedschra (Auswanderung) Mohammeds von Mekka nach Medina	622
Beginn der islamischen Zeitrechnung (nach dem Mondkalender)	
Tod Mohammeds	632
Die Orthodoxen-Kalifen	632–661
Die Omaijaden-Kalifen	661–750
Die Omaijaden in Spanien, zunächst als Emirat	756–1031
als Kalifat	ab 929
Ende der Herrschaft der Muslime in Spanien	1492
Die Abbasiden-Kalifen	749–1258
(nur nominelle Herrschaft)	1261–1517
Die Buyiden (Persien/Irak)	932–1062
Die Seldschuken	1038–1194
Die Osmanen	1281–1924
Almoraviden (Nordafrika/Spanien)	1056–1147
Almohaden	1130–1269
Die Tuluniden (Ägypten/Syrien)	868–905
Die Iikhschididen	935–969
Die Fatimiden	909–1171
Die Aiyubiden (in Ägypten)	1169–1252
Die Mameluken	1250–1517
Muḥammad ʿAlī und seine Khediven-Dynastie	1805–1953
Die Sanūsiyya (Sanusiden/Senusiden/Libyen)	1837–1969
Balfour-Deklaration	1917
Faisal I. wird zum König über Syrien proklamiert	1920
Entstehung des Mont Liban (Berg-L.)	
Irakische Monarchie	1921–1958
Unabhängigkeit des Irak	1932
Irakische Republik	ab 1958
Türkische Republik	ab 1923
Wahhabitisches Königreich in Saudi-Arabien	ab 1924

Unabhängigkeit des Libanon	1943 (tatsächlich ab 1946)
Unabhängigkeit Jordaniens (ab 1950 Haschimitisches Königreich Jordanien)	1946
Unabhängigkeit Syriens	
Erster arabisch-israelischer Krieg	1948
Unabhängigkeit des Königreichs Libyen	1951
Sturz der Monarchie	ab 1969
Entstehung der Sozialistisch-Libyschen Arabischen Volks-Dschamahiria	ab 1977
Entstehung der Republik in Ägypten	1953
Die Sues-Krise	1956
Vereinigte Arabische Republik (Ägypten mit Syrien)	1958–1961
Unabhängigkeit Algeriens	1962
Der Sechstagekrieg	1967
Der Jom-Kippur-/Oktoberkrieg	1973
Besuch Sadats in Jerusalem	1977
Abkommen von Camp David	1978
Libanesischer Bürgerkrieg	ab 1975
Iranische Revolution und Entstehung der Islamischen Republik Iran	1979
Erster Golfkrieg (Irak–Iran)	1980–1988
Intifada-Aufstand	ab 1987
Friedensgespräche zwischen Israel, der PLO und den arabischen Ländern	ab Ende Oktober 1991
Zweiter Golfkrieg (Irak–Kuwait)	1990
Angriff der UNO-Alliierten gegen den Irak	1991

Literaturangaben

AHLWARDT, W.: The Divans of the six ancient Arabic poets. London 1870.

ANDRAE, T.: Islamische Mystiker. Übers. H. Kanus-Credé. Stuttgart 1960.

ABDEL-MALIK, A.: Idéologie et renaissance nationale. L'Égypte moderne. Paris 1969.

ARKOUN, M./L. GARDET: L'Islam. Hier demain. Paris 1978.

BALTA, P.: L'Islam dans le monde. Paris 1986.

BELLMANN, D.: Rückblicke. Arabische Kultur. Bestandsaufnahme der Gegenwart. Zukunftserwartungen. Berlin 1984.

BLACHÈRE,. R.: Histoire de la littérature arabe. 3 Bde, Paris 1952–66.

BLOCH, A.: Vers und Sprache im Altarabischen. Basel 1946.

BROCKELMANN, C.: Geschichte der arabischen Litteratur. 2 Bde, Suppl. I–III. Leiden 1937–49.

BROCKELMANN, C.: Geschichte der islamischen Völker und Staaten. München/Berlin, Nachdr. Hildesheim 1977.

BÜRGEL, J. Chr.: Allmacht und Mächtigkeit. Religion und Welt im Islam. München 1991.

CAHEN, C.: Der Islam I: Vom Ursprung bis zu den Anfängen des Osmanenreiches. (Übers. G. Endreß). Frankfurt a. M. 1968.

CORM, G.: Conflits et identités au Moyen Orient (1919–1991): Paris 1992.

De BOER, T. J.: Geschichte der Philosophie im Islam. Stuttgart 1901.

DONALDSON, D. M.: The shi'ite Religion. London 1933.

Encyclopaedia of Islam. Leiden ^{2}1960 ff.

ENDRESS, G.: Einführung in die islamische Geschichte. München 1982, 1991.

Enzyklopaedie des Islam. Leiden 1931 ff.

ETIENNE, B.: L'Islamisme radical. Paris 1987.

FAKHRY, M.: A History of Islamic Philosphy. New York/London 1970.

FORSTNER, M.: Die Moslembrüder. In: Cibedo, 15. Nov. 1983, 15. Jan. 1984.

GÄTJE, H.: Koran und Koranexegese. Zürich/Stuttgart 1971.

Geschichte der arabischen Welt. Hg.: U. Haarmann. München 1987.

GIBB, H. A. R./J. M. Landau: Arabische Literaturgeschichte. Zürich/Stuttgart 1968.

GRAF, G.: Geschichte der christlichen arabischen Literatur. 4 Bde, Rom 1944–51.

GRUNEBAUM, G. E. v.: Der Islam II: Die islamischen Reiche nach dem Fall von Konstantinopel. Frankfurt a. M. 1971 (Forts. von Cahen, s. dort).

Grunebaum, G. E. v.: Der Islam in seiner klassischen Epoche 622–1258. Zürich/Stuttgart 1966.

Halm, H.: Die Schia. Darmstadt 1988.

Hartmann, R.: Die Religion des Islam. Darmstadt ²1992.

Haywood, J. A.: Modern Arabic Literature 1800–1970. London 1971.

Hourani, A.: Arabic Thought in the Liberal Age. 1962, rev. 1983.

Hourani, A.: Die Geschichte der arabischen Völker. Übers. M. Ohl/H. Sertorius. Frankfurt a. M. 1992.

Der Islam in der Gegenwart. Hg.: W. Ende/U. Steinbach. München 1984.

Khoury, A. Th.: Der Koran. Übers. Gütersloh 1987.

Khoury, A. Th.: Der Koran. Übers. und wissenschaftlicher Kommentar. Bis jetzt 3 Bde, Gütersloh 1990 ff. (ca. 9–10 Bde).

Khoury, A. Th.: Einführung in die Grundlagen des Islams. Graz/Wien/Köln 1978.

Khoury, A. Th./L. Hagemann/P. Heine: Islam-Lexikon. 3 Bde; Freiburg i. Br. 1991.

Laoust, H.: Les schismes dans l'Islam. Paris 1965.

Laurens, H.: Le grand jeu. Orient arabe et rivalités internationales. Paris 1991.

Laurens, H.: Le royaume impossible. La France et la genèse du monde arabe. Paris 1990.

Lewis, B.: Die politische Sprache des Islam. Übers. S. Enderwitz. Berlin 1991.

Nagel, T.: Der Koran. Einführung – Texte – Erläuterungen. München ²1991.

Der Nahe und Mittlere Osten. Politik, Gesellschaft, Wirtschaft, Geschichte, Kultur. Hg.: U. Steinbach/R. Robert. Opladen 2 Bde. 1988.

Nicholson, R. A.: The Mystics of Islam. London 1975.

Paret, R.: Der Koran. Kommentar und Konkordanz. Stuttgart ³1986.

Paret, R.: Mohammed und der Koran. Stuttgart ⁵1980.

Reckendorf, H.: Mohammed und die Seinen. Leipzig 1907.

Schimmel, A.: Mystische Dimensionen des Islam. München 1992.

Schimmel, A. (u. andere): Der Islam III: Islamische Kultur – Zeitgenössische Strömungen – Volksfrömmigkeit. Stuttgart/Berlin/Köln 1990.

Sezgin, F.: Geschichte des arabischen Schrifttums. Leiden 1967 ff.

Taeschner, F.: Geschichte der arabischen Welt. Stuttgart 1964.

Tibi, B.: Die Krise des modernen Islams. München 1981.

Tibi, B.: Der Islam und das Problem der kulturellen Bewältigung sozialen Wandels. Frankfurt a. M. 1985.

Tibi, B.: Die fundamentalistische Herausforderung. München 1992.

Watt, W. M./A. F. Welch: Der Islam I: Mohammed und die Frühzeit. Stuttgart/Berlin/Köln/Mainz 1980.

WATT, W. M./A. F. WELCh/M. MARMURA: Der Islam II: Politische Entwicklungen und theologische Konzepte. Ebd. 1985. Zum Islam III, s. Schimmel.

Welt des Islam. Geschichte und Alltag einer Religion. Autorenkollektiv unter Leitung von M. Robbe. Köln 1988.

WIET, G.: Introduction à la littérature arabe. Paris 1966.

Namensregister: Personen und geographische Namen

Sachregister